WAC BUNKO

日本を貶《おとし》める——「反日謝罪男と捏造メディア」の正体

大高未貴

C

はじめに――コロナウイルスによる中国の〝終焉〟と日本の自立の時

中国の武漢を発生地とする新型コロナウイルスによる肺炎の感染が世界を大きく揺るがしている。日本にも感染者が出て、中国共産党は（旧）正月休みを返上しておおわらわとなった。

日頃は南京「虐殺」などは、針小棒大に犠牲者を大幅に水増しするくせに、天安門事件の被害者も今回の病死者も「棒大針小」しているようだ。

日本は、さっそく、日本国内でも不足がちにもかかわらず中国にマスクなどを届けたが、中国は連日尖閣海域への侵入を続けている。中国の共産党指導者たちには〝感謝の心〟はないのだろう。

ともあれ、二〇〇八年に訳出されたジャック・アタリの『21世紀の歴史　未来の人類から見た世界』（作品社）で、彼はこう綴っていた。

「二〇二五年には、いずれにせよ中国共産党の七六年間にわたる権力に終止符が打たれるであろう（七〇年以上にわたって権力を握りつづける政権は、世界中どこにも存在しない）」。そして、場合によっては、その際、「国家統一の存続を図るためには、中国共産党は台湾やシベリアを侵略するなど、外交で得点を稼ぐことで、国民の不満を紛らそうと試みるであろう」とも指摘していた。

台湾の総統選挙での蔡英文氏の圧勝、ホンコンでの民主化要求の動きに加えて、今回の新型コロナウィルスによる肺炎感染の拡大は、中共政権を一歩一歩弱体化させていくことになろう。米中経済戦争もしかり。

だが、習近平政権が、今後何を仕掛けてくるかをわれわれ日本人は注視していく必要があろう。中国は今後ますます、超限戦を展開するであろう。これは、あらゆる制約や境界（作戦空間、軍事と非軍事、正規と非正規、国際法、倫理など）を超越し、あらゆる手段を駆使する「制約のない戦争（Unrestricted Warfare）」だといわれている。正規軍同士の戦いのみならず、非軍事組織を使った非正規戦、外交戦、国家テロ戦、金融戦、サイバー戦、三戦（広報戦、心理戦、法律戦）。

よもや今回のウイルス騒動も中国内部の権力闘争も絡んだ超限戦の一環なのではないか？　と勘繰りたくもなる。

ともあれ、この緊迫した情勢の中、朝日新聞は夕刊コラム素粒子で、新型コロナウイルスを念頭に「中国人を排除するより、ともに手を洗おう」（一月二十四日）などと目を覆いたくなるようなコラムを書いている。国際社会からみたら日本のクオリティペーパーが幼稚園以下のレベルだということが一目瞭然だ。いやいや、幼稚園だって〝インフルエンザ発症後数日休ませて登園許可を医者からもらってください〟としている。ともあれ日本の大マスコミがこんな調子ではそのうち〝新型コロナ肺炎の発生も日本が悪い〟なんていう、新型謝罪男が再び出現するかもしれない。

冗談はさておき、私は今回の新型コロナウイルスを楽観視していない。この本が書店に並ぶ頃には、日本でもかなりの感染者が出ているだろう。日本政府の対応の遅れの要因のひとつに、北京政府への行きすぎた対応が挙げられる。本書で糾弾する謝罪男たちは、そういった空気の醸成役を長年に渡って担ってきた。本気で日中友好を願うなら今こそ得意の北京政府とのパイプをいかし、武漢に乗り込んで、現状を世界に発信すべきだ。自分たちが育てたモンスター政府の実態を直視せよといいたい。それにつけても、この世紀末のような状況の中から日本人は何を教訓にすべきか？

それは〝真の自立〟への覚醒ではなかろうか？　自衛隊ですら憲法に国軍と明記できず、安全保障をアメリカに依存して属国となり、経済活動に邁進してきた結果、拉致問題一ついまだに解決できていない。今回の新型コロナウイルス感染問題にしたって、他国の毅然とした対応と違い、日本政府は春節にともなう中国人観光旅行者入国制限を発動しなかった。安倍首相が自国民を守るため、瞬時に苦渋の決断をしなかったことに対して、私は子供を持つ母親として〝日本は自国民を守らない。これからは自分で自分の身を守らねば〟と固く心に誓ったのだ。身を守るということは、安全保障に限らず情報から守ることも含まれる。朝日新聞は次世代洗脳のため、大人の盲点を利用して秘密兵器を用意している。それは朝日小学生新聞、朝日中高生新聞だ。

嘆いていても何も始まらないし、日本を再び自国民を守る国に生まれ変わらせ、子供たちが不必要な贖罪意識を背負わず、諸外国の友人たちと対等な友好関係を築いてゆけるような教育環境の再建をせねば、命をかけて祖国を守ってきた先人たちに顔向けができないと腹を括る最終段階に直面していると思う。そして過去の歴史を振り返れば、国難の時こそ日本人の底力が発揮され、日本人の意識の変容が促進されるように思えてならない。

本書は、近年、私がさまざまな雑誌などで書いた評論を整理し、加筆してまとめたものだ。日本を愛する一国民として、やむにやまれぬ思いでペンを取った次第だ。読者の叱声をいただければ幸いである。

二〇二〇年(令和二年)二月

大高未貴

日本を貶《おとし》める——

「反日謝罪男と捏造メディア」の正体

目次

装幀／須川貴弘（WAC装幀室）

第一部

「中国」「韓国」「北朝鮮」にひれ伏す男たちへのレクイエム

第一章　敬愛する習近平主席のためなら社員も見殺しにする丹羽宇一郎サン

ジョージ・ソロスと丹羽宇一郎サンとの知的格差

元駐中国大使（元伊藤忠商事社長）で、公益社団法人日本中国友好協会会長でもある丹羽宇一郎氏の著作『習近平の大問題―不毛な議論は終わった。』（東洋経済新報社）は、文化大革命を大絶賛した『毛沢東語録』なみの『習近平語録』ではないか。

丹羽氏は二〇一〇年六月から一二年十一月末まで駐中国大使を務めている。一二年四月、当時の石原都知事が東京都の尖閣諸島購入計画について言及した際、「日中関係に極めて深刻な危機をもたらす」「日本の国益を損なう」などと発言し物議を醸《かも》した人物だ。

『習近平の大問題』を書いた動機は、この頃から日本で嫌中意識が高まり、現在に至ってもその警戒感が解けないので、偉大なる習近平国家主席の本当の人物像を日本人に知らしめ、日中友好を促進したいという思いにかられたことのようだ。

その習近平主席と安倍晋三首相との会談が二〇一九年十二月に成都（中国）で開催され、二〇二〇年春の主席の国賓での来日も確認された。

しかし、現在の世界情勢を俯瞰《ふかん》的に見れば、中国ほどモラルのかけらもない危険な国はあるまい。先進国から最先端技術を盗み、「一帯一路」に5G移動通信システムをかぶせた「デジタル・シルクロード」を構築、そこに電子マネーを普及させ、諸外国のビッグデータまで掌握して世界を管理しようという悪魔のシナリオを、パンダの仮面を被《かぶ》って遂行中の国だ。

さらに中国の覇権計画は世界のみならず、宇宙の実効支配にまで及んでいる。遠藤誉《ほまれ》氏は『「中国製造2025」の衝撃』（PHP研究所）の中で、具体的な事例を挙げて中国の脅威を指摘している。

この暗黒大陸中国の野望に毅然《きぜん》と立ち上がり宇宙軍を創設したのが、トランプ米大統領だ。ファーウェイCFOの孟晩舟《もうばんしゅう》起訴を皮切りに、EUの先進国も中国のハイテク泥棒に厳しい監視の目を向けるようになった。二〇一九年一月、マレーシアは毎年十五億円の違約金を払っても「一帯一路」を正式に中止することを表明し、他国も中国に対して、はっきりと〝NO〟を突き付け始めている。

同年の一月、ダボス会議に出席した知人が「いずれ中国発の世界恐慌が起こる可能性は十分にある。その時、〝大恐慌の責任は習近平にある〟と言って、彼を生贄《いけにえ》にして中国共産党は生き残るつもりだ」と教えてくれた。

知人は中国に大きな工場を持つ親中派だったが、それでもダボス会議における世界的投資家ジョージ・ソロス発言には驚かされたという。ソロス氏は習近平を「自由社会の最も危険な人物」と厳しく批判したのだ。

「中国に対し、さらに強硬な政策を取るべきだ」

「デジタル監視への中国の圧倒的な力は世界にとって危険だ。中国は全ての国民を得点制で管理し、その言動をデータバンクに記録させる。それによって中国当局は全ての人間の日常活動を操作できるようになる。中国のインターネットは厳格に検閲され、中国共産党政権は世界のデジタルの規則を無視し、インターネットの自由を脅《おびや》かしている」

ジョージ・ソロスといえば、米民主党のスポンサーであり、グローバリズム推進派、反共和党である。個人的には「スターウォーズ」に出てくる悪役「ダースベイダー」そのものに見える（笑）。そのいわくつきの人物が一転してトランプ政権を評価し、中国を牽制したのだ。二〇一八年十月のペンス米副大統領の中国批判に続いてのダブルパンチ！　アメリカ政治の黒幕とささやかれていたソロスの発言は、国際社会が中国包囲網結成に向けて発動したサインであり、世界の潮流が反転し始めている証だ。

中国に物言えぬ「こんな社長って何だ？」

人権弾圧の被害は日本人も無関係ではない。丹羽さんが社長をやっていた伊藤忠の日本人男性社員がおよそ一年間にわたり、スパイ容疑で中国の国家安全当局に拘束されているというニュースも届いている。そして二〇一九年十一月には、伊藤忠商事のこの社員に、懲役三年の実刑判決を言い渡されたことが外務省によっても確認されている。一体この現実を丹羽氏はどう説明するのか。これでもまだこんな国との友好関係が維持できるというのだろうか。

『習近平の大問題』に続いて、『社長って何だ!』(講談社現代新書)なる本を丹羽氏は二〇一九年師走に刊行した。その中で、丹羽氏は「非正規社員をなくして、すべて正規社員にすべきだ」と主張しているが、その前に、現職の正規社員が、詳細な逮捕容疑も明らかにされないまま懲役刑を受けたことに、なんの良心の呵責も覚えないのか。『習近平の大問題』の帯には「現実を知らずに嫌中を叫ぶな!」とあるが、「現実を知らずに親中を叫ぶな!」とお返ししたい。この本は文庫化する時には『習近平の提灯持ち』とか『習近平の太鼓持ち』とでも改題するといいだろう。

『社長って何だ!』では、「社長の器以上に会社は大きくならない」とも指摘しているが、その点は全く同感である(笑)。

困った時の日本頼み

ともあれ、こんな四面楚歌の中国にとって、最後の頼みの綱が〝目先の経済に目がくらみがちで、お人好しな日本〟だ。ここ数年の日中関係を振り返ってみよう。

まずは、その最たる例が、二〇一八年十月の安倍首相訪中だった。

当時、私はある官邸に近いマスコミの情報筋に「なぜ安倍首相ともあろうものが、この期に及んで約二百人もの財界人を連れて、一帯一路協力まで表明したのですか?」と問うと、彼は「安倍さんは一帯一路協力を積極的に後押しするような意思表明などまったくしていません。もちろん外交交渉の場ですから、儀礼的なリップサービス程度のものはあったかもしれませんが、〝日本が一帯一路に協力〟などと大袈裟に吹聴しているのは、他ならぬ中国政府なのです。そうでもしないと習政権が持ちませんから」とニべもない。

そんなレームダックの中国が今再び、日本人の精神的武装解除を狙って解き放った刺客が丹羽氏なのではないか。その手口はあまりにも稚拙で、失笑を禁じ得ない部分も散見される。何しろ、この本に登場するご意見番も、中国共産党同様レームダック状態の小沢一郎氏と鳩山由紀夫氏なのだから説得力に欠ける。

後の章でも詳述するが、イギリスの左派系『ガーディアン』紙が中国のプロパガンダの手口について興味深い記事を掲載している。簡単に要約すれば、中国にとって、メディアとは情報戦のツールでしかなく、中国共産党は〝目、耳、舌、喉〟となって情報発信してくれる第三者報道官を世界中に養成しており、それはメディア以外でも、大学教授やシンクタンクの研究員、元大使といった外交官や政治家も含まれる――ということだった。そういった意味では丹羽氏の本（『習近平の大問題』）を中国共産党の代弁・詭弁《きべん》として読めば、逆に習近平政権の弱点や日本懐柔工作の手口が透けて見えてくる。では読み解いていこう。

第1章のタイトルは「習近平政権は任期途中で退陣するか」。

「日本で習近平といえば、権力者、独裁者、対外的な野心を持った人物というイメージを持たれている。三権を掌握し、さらに任期制限を撤廃したことで、ますますこのイメージが強くなっているように見える」といった前置から始まる。

二〇一八年、中国共産党が国家主席の任期制限を撤廃し、トランプ大統領も「習氏はいまや終身大統領だ。そして、習氏は偉大だ。われわれもいつか試してみなくてはならないだろう」とジョークを述べ、国際社会からも〝習近平はラスト・エンペラー〟などと揶揄《やゆ》されている。

このトピックを最初に持ってきたということは、裏を返せば、習近平は終身主席宣言批判を相当気にしていることの表れなのだろう。また、「習近平政権は……長くても5年程度で後進に譲ると見ている」と予測しているが、その根拠は示されていない。

習政権下で強化された言論統制については「国民の不満は習近平には向かわず、中国の取り締まり当局に向かっているという。習近平は好きだが、役人は嫌いということである」と解説。たとえば、中国同様に言論弾圧の厳しい北朝鮮に置き換えれば「金正恩《キムジョンウン》は好きだが、役人は嫌い」と言って、〝そうだ、その通りだ！〟と果たして何人の読者が膝を打つだろうか。

さらに、習近平の任期制限撤廃に伴う神格化への批判記事が中国国内で掲載され、日本のメディアが反習近平の動きと報じたことに関して、丹羽氏は言う。

「私は、こうした反習近平の動きに見える報道の背後には、習近平自身の個人崇拝抑制のねらいがあると見ている。行き過ぎた個人崇拝にブレーキをかけるために、あえて批判記事の掲載（短時間ではあるが）を許したのではないか。（略）そもそも習近平には、自身を毛沢東のように神格化する意図はない。習近平の思想はむしろその逆だ。それが、つらい下放《かほう》（筆者注：知識層が農村に行き生産活動に従事すること）を経験した人間にとっての原点である」

ナニ、これ？　涙ぐましいほどのヨイショではないか。

〝個人崇拝抑制のねらい〟などと屁理屈をこねまわしているが、東トルキスタン（新《しん》疆《きょう》ウイグル自治区）では、現在約百万～三百万人ものウイグル人が職業訓練の名のもとに強制収容所に入れられて、臓器売買を含め、身の毛もよだつようなすさまじい弾圧が行われている。そこではイスラム教の棄教を強要され、収容者には毎日のように習近平と中国共産党礼賛の洗脳が行われている。丹羽氏の目はどこについているのだろうか。

習近平は毛沢東を見習い、自身を神格化しているのだ。文化大革命時代、父親の習《しゅう》仲勲《ちゅうくん》は毛沢東との権力闘争に敗れ、習自身も学生時代に下放を経験しているので、毛沢東のような神格化の意図はないと丹羽氏は言いたいようだが、中国共産党の権力闘争はそんなに単純で甘いものではない。権力維持のためには、たとえ一族の仇《かたき》であっても利用する。

近年、忌《い》まわしき文化大革命も再評価され毛沢東まで神格化されている理由について、評論家の石平氏はこう解説する。

「理由の一つは習近平氏自身にある。彼は今まで『反腐敗闘争』を武器に権力基盤を固めてきたが、それと同時に党と軍の中で大量の敵をつくった。彼は一旦権力を失ったら凄まじい報復が待っているから最高指導者の地位に永遠にしがみつく以外にない。

そのために憲法を改正して終身独裁者への道を開いた一方、自分自身の神格化も必要となった」

また、日本とは人数も賄賂の額も桁違いの汚職撲滅のため、地方まで反腐敗運動を推し進める習近平は「ひとつ間違えば共産党独裁が正統性を失いかねない」リスクをおかしているのだという。なぜ、そんなリスキーなことをするのか、丹羽氏は持論を展開する。

「『魚は頭から腐る』というロシアのことわざがある。企業でも、国でも、組織というものは腐るときには頭から腐るものだ。したがって、事を糺《ただ》すにはトップから襟を正していくしかない」という信念のもと改革を推し進め、「単なる権力欲だけの人物には、このようにリスクの大きい、苦難の道を選択・実行できるはずはないと私は考える」。

言ってみれば、ヤクザの組長が〝俺の組は潰れてもいいから、これからは大義のために襟を正し、社会を浄化する〟と宣言しているのと変わりない屁理屈だ。そんな組長は潔いと丹羽氏は礼賛しているも同然なのだ。

支離滅裂な展開

さて、そんな偉大なリーダー習近平様に辛辣《しんらつ》なコメントを下す日本のメディアに対して、丹羽氏は憤りを隠せないようだ。

日本で中国嫌いが増殖している原因は、日本のメディアの歪《ゆが》みに他ならないと指摘し、日本人記者が習近平やその周辺を直接取材せずに報道をしているのが問題で、その姿勢は「戦前の大本営発表を連想させる」のだそうだ。

丹羽氏自身は「私は習近平とは十数回ほど会っている」「人間的には口数少なく温和、弱者の気持ちを理解できる人物」「私が抱いた習近平の印象を一言でいえば『政治家、李克強より一枚上手』、リーダーの器の風格と誰もが感ずるようなものだった」とべタ誉めだ。

そうかと思えば、「結論からいえば、習近平が何を考えているのかは本人にしかわからない。本人と十数回も会ってきた私でも、二人で会話をしても会談をしたことはなく、習近平の本心を探り当てることは難しい」と支離滅裂な展開も見せる。

そして、偉大なる習近平様を日本のメディアが正しく評価できないのは、「人は結局、自分の器でしか物を見ることができない。器の小さい人（筆者注：日本のメディア）には、大きな器の人（筆者注：習近平）の全容をつかむことはできないのだ。そして、凡人は自分に似せて人を見る。（略）実物の習近平を見ている私には、日本のメディアが伝える習近平像の歪みは、メディアの歪みを反映したものであり、また日本社会の歪みを投影している」のだそうだ。

まるで歓楽街のナンバーワンホストに入れあげた女性が「彼って凄い人なんだけど、その凄さがまわりの凡人にはわからないのよ。私は何度も彼に会っているから彼の偉大さを知っている。でもね……そんな私でも時々、彼って一体、何考えているかわからなくなっちゃうの」とボヤいているのと同じレベルだ。

一方で丹羽氏は、中国のメディアには随分と寛容だ。中国で連日放送されている反日ドラマについて「中国の制作サイドからすれば、日本を悪く見せたいのではなく、ヒーローである共産党をよりよく見せたいのである」そうだ。読者をバカにするのもいい加減にしてもらいたい。

時代遅れの脅し方

二〇一七年に訪中したトランプ大統領に対し、習近平は「太平洋は中国と米国が共存するのに十分な広さがあるので、二つの大国が意思疎通と連携を強化すべきだ」など臆面もなく発言している。二〇〇七年、中国海軍高官がキーティング米太平洋軍総司令官に「中国とアメリカで太平洋を二分しよう」という分割案を持ちかけていることから、中国の時代錯誤な領土覇権の意思は変わっていないことの証だ。

ところが、丹羽氏ときたら「習近平に、アメリカと武力衝突する危険を冒してまで、覇権を広げる意図があるようには思えない」「そもそも中国に、アメリカに匹敵する軍事力を持つ意図があるかも疑問だ」としている。

挙げ句の果てに盟友・鳩山由紀夫氏に習近平が囁《ささや》いた言葉「中国は覇権主義をとらない。覇権主義は我々のDNAにはない。中国の軍隊は、守りの発想からつくられている」を紹介しているのだから開いた口が塞《ふさ》がらない。

こんなしらじらしい発言をそのまま鵜呑みにするのは、日本中探し歩いても丹羽氏と鳩山氏のお二方くらいのものだろう。

中国人民解放軍に詳しい専門家は、「中国はすでに空母を保有しており、戦闘能力のある艦載機も搭載している上、現在、自前で原子力空母を建造中です。敵対国インドを牽制するため、パキスタンに空母を売却する話も進んでいます。それに南シナ海や東シナ海での威圧的かつ攻撃的な行動を見れば、中国が覇権主義国であることは誰が見ても明らかでしょう」と丹羽説を一蹴する。

尖閣問題については、性懲りもなく「中国が、尖閣諸島を取りに軍を進めると考えているのは、おそらく世界中で日本くらいであろう。そもそも、当の中国が考えていない」「尖閣問題は、戦争をしてまで白黒をはっきりさせるような問題ではない。(略)

名称はともかく現状のままで漁業権や共同資源開発の話し合いで進むほうが、はるかによいことはいうまでもない」などと中国に有利な展開となるように誘導をしている。

そもそも日中間に領土問題など存在しない。中国は一九六九年に国連の報告書で東シナ海に石油埋蔵の可能性があることが指摘されると「尖閣は中国のもの」などと騒ぎ出した。それ以前は、台湾とその先の海域は〝化外《けがい》の地〟などと目もくれなかったのだ。


ところが現在では、〝尖閣のみならず沖縄まで中国領だ〟と言って憚《はばか》らず、日本の御用学者を利用して琉球独立運動なるものを展開させている。

丹羽氏は「米軍基地は最低でも県外移設」と発言して日米同盟に深刻な亀裂を生じさせた鳩山元首相の盟友だけあって、ここでも「日中問題は日中で」などとアメリカ外しを提言している。ならば、日本は現段階では日米安保をより強固にするのが得策だということがわかる。

昨今の朝鮮半島、東アジア情勢に関しては、「在韓米軍が引いても中国は出てこない」などと分析し、「日本政府は南西諸島の防衛強化を方針として掲げ、動きはじめている。日本政府の意図がどこにあるにせよ、中国にとっては敵意を感じさせる行動である。（略）ここで中国と良好な関係を取り戻せなければ、日本は中・朝・韓・米の間に入ることができず、本当に取り残されてしまうかもしれない」などとたたみかける。

でも、この手の脅しは時代遅れだ。かつて日本の大マスコミは、北京政府様にリーダーシップを発揮していただき、六者協議を重ねていれば北の核開発は阻止できる！　だから日本も、その〝バスに乗り遅れるな〟の大合唱だった。結果は説明するまでもないだろう。

〝覇権主義は我々のＤＮＡにはない〟のなら、太平洋二分割の野心も捨て、南シナ海に埋め立ててつくった基地も爆破し、とっととチベット・ウイグル・南モンゴル、そして台湾、香港を独立させ、中国東北部も女真《じょしん》族に返して漢民族は自らつくった万里の長城の内側に戻ればいいだけの話だ。

悲劇には目を瞑る

百二十万人以上のチベット人を虐殺し、ウイグルでは民族滅亡の危機・エスニッククレンジングを現在進行形で行う。なおかつ、南モンゴルへの人権のかけらもない弾圧を行い、香港を厳しい言論弾圧で締め付け、独立を宣言しようものなら戦争も辞さないと台湾に脅しをかけておきながら、こんな白々しいセリフを言ってのけるところが、中国共産党たるゆえんだ。

丹羽氏の日中友好幻想はご本人の勝手だが、どうしても看過できない記述を指摘したい。それは本文中に数回〝少数民族問題〟という言葉は使っているものの、中国の少数民族弾圧の実態にはまったく触れていないことだ。「おわりに」にはこうある。

「日中の友好は、単に二国の繁栄のためではなく、世界の平和と発展を築くために必要なことなのだ。このことが、チベット、ウイグルなど多くの少数民族自治区まで中国の全土をほぼくまなく歩き巡った人間として、最後まで心に残った言葉であり、どうしてもみなさんに伝えたかった言葉である」

〝チベット・ウイグルをほぼくまなく歩き巡った〟という記述は、にわかには信じがたい。というのも、私も実際にチベットやウイグルを歩いた経験があるからだ。もちろん、チベットやウイグルでは至るところに中国当局の監視の目があり、住民は外国人に自分たちの苦境を直接伝えることはできない。それでも、絶望的なまでの人々の眼差しは、彼らの置かれたあまりにも不条理な状況を語りかけてくる。

母国の歴史と言語を奪われ、文化は観光客用の人寄せパンダとして利用され、親子は引き裂かれ、世界一巨大な監獄と化しているのが、〝チベット・ウイグル・南モンゴル〟だ。中国は圧倒的な軍事力と十三億人の市場を武器に、国際社会からの批判も「内政干渉」だとはねのけ、民族浄化を現在進行形で進めている。その巨悪になす術もなく、百名を超すチベット人が灯油を被って北京政府への抗議活動のために焼身自殺を試みている。

私が訪ねたネパールのチベット難民収容所には、精神病棟も併設されていた。国境越えで武装警察に見つかれば、虫けらを殺すように銃殺される。命からがらヒマラヤを越えたとしても、ネパールにつく頃には凍傷で両足切断、もしくは張りつめた恐怖心で精神に異常を来《きた》して精神病棟に隔離せざるを得ないチベット難民もいるからだ。

一方、チベットではテント小屋の売春宿があった。公衆トイレは性病病院の広告だらけ。ダライ・ラマ法王がおられたポタラ宮前には、赤い五星紅旗がはためいていた。

かつて、その旗を引きずり降ろし、チベットの国旗を掲げたチベット人は、その場ですぐに拘束され行方不明となった。そんな彼らの姿を一度でも目のあたりにしていたのなら、丹羽氏は人として、こんな中国共産党の宣伝本など書けなかったはずだ。

チベット・ウイグルをほぼくまなく歩き巡ったという（恐らく、中共政府の案内人によるモデルコースをただ視察した程度のことなのだろうと私は推測する）丹羽氏が、これらの悲劇に触れているのは哀しいかな、たったのこれだけだ。

「少数民族の反政府・分離独立運動は依然として続いており、これに対して中国はアメとムチを基本としながらの漢民族統一国家政策をとっている」

一体、丹羽氏は彼の地で何を見てきたのか……。これを中国共産党の大罪のごまかし言わずに、何と言えばいいのか。

人権無視の国

現在、世界中から厳しい目を向けられているのが「一帯一路」だ。評論家・宮崎正弘氏の言葉を借りれば〝阿漕《あこぎ》な高利貸し〟だが、その悪辣さは単なる高利貸しの次元を超えている。

その資金を裏付けるためのＡＩＩＢ（アジア・インフラ投資銀行）、別名「アジア・インチキ・インフラ銀行」の擁護も笑止千万だ。ここでもまた盟友・鳩山由紀夫氏の発言を引用している。

習近平は鳩山氏に「一帯一路の目的は第一に平和であり、繁栄は第二である」と明言したとか。

「習近平と直接会った鳩山氏は、この話を『信じたい』と感じたそうだ」

鳩山氏が信じようが信じまいがどうでもいいことだが、こんな歯の浮くような発言、一体誰が信じるというのか。

二〇一八年にスリランカが中国の融資で建設した南部ハンバントタ港の管理運営を、九十九年間の期限で中国に譲渡している。これに関し日本の一部のメディアが「一帯一路のねらいは、ＡＳＥＡＮ地域のインフラを支配し軍事拠点化することにあるのでは」という懸念を報じたことに関し、丹羽氏は日本のメディアをこう牽制している。

「港湾を実際に管理運営するのはＨＩＰＧ（ハンバントタ・インターナショナル・ポート・グループ）である。中国は株式の70％を譲渡されたから、同社が中国の支配下にあることは間違いないが、日本におけるアメリカ軍基地のような『地位協定』があるわけではない。（略）中国が勝手にハンバントタ港を中国の軍港として使うことはできない。（略）ハンバントタ港の譲渡は借金のカタに港を差し押さえたように見ることもできる。しかし、それも格別非道なことではない」

中国の阿漕な手口を〝格別非道なことではない〟などと、日本国の元大使の言葉としてスリランカの人々の耳に入ったら、それこそ外交問題に発展しかねない問題発言だ。

さらに、アメリカが中国の産業スパイの危険性に警鐘を鳴らし、中国人留学生まで厳しく監視体制に入っているのに、丹羽氏はこう提言する。

「（大学の）予算に限りがあるのなら、思い切って中国と共同研究、共同開発に踏み切るのもひとつの道ではないか。（略）日中の共同研究によってお互いに切磋琢磨し、やがて人類全体に貢献する研究成果を上げれば、ノーベル賞を共同受賞するときが来るかもしれない」

かく言う丹羽氏は早稲田大学特命教授の肩書もお持ちで、本の印税も一部を私費の中国人留学生に寄付するそうだ。欧米で産業スパイができなくなった一部の中国人留学生もウェルカムとでも言いたいのか。

中国はファーウェイCFO孟氏拘束の報を受けて、さっそくカナダ人二百人を拘束して報復をしてみせた。現に日本人も意味不明なスパイ容疑で何人も拘束され実刑判決までくだされた人もいる。二〇一九年十月には北海道大学教授も一時拘束される事件まで起こった（のちに釈放帰国）。こんな恐ろしい国に、「日本の青年たちよ、中国に行ってきなさい」というのは、無責任すぎやしないか。

目をつけられた学生は、空港や街中で知らないうちにポケットに麻薬を入れられて、いきなり逮捕といったことも平気でやってのける人権無視の国なのだ。

冒頭でも述べたように、二〇一九年十一月には、伊藤忠商事の社員が、懲役三年の実刑判決を言い渡されたことが外務省によっても確認されている。一体この現実を丹羽氏はどう説明するのか。これでもまだこんな国に日本の青年を送り込もうというのか。

経済的癒着と任命責任

それにしてもなぜ、丹羽氏はこうまで無節操で、中国のヨイショ一辺倒なのか。

その謎を解く鍵は抜き差しならぬ中国と伊藤忠との癒着関係にあった。ご存じのように、丹羽氏は伊藤忠の社長・会長を務めてきた。

伊藤忠は二〇一五年「日本の企業が中国の企業に投資する案件の規模としては、二〇〇二年九月に行われた日産自動車による国有自動車大手、東風汽車への十億米ドル（約千百八十億円）の出資を上回り過去最大」の出資をしている（『伊藤忠　躍進の秘密』洋泉社MOOKより）。出資先のCITICの大株主は中国政府だ。

ある意味、伊藤忠は中国政府と一蓮托生《いちれんたくしょう》の関係である。地獄の詐欺大国に投資し、経済破綻で利益が回収できなくなったら、日本を巻き添えにしようという魂胆なのだろうか。そのためには領土問題も棚上げし、日本の安全保障もないがしろにする。

そんな身内の事情には一行も触れず、やれ世界平和のための日中友好青年交流だのと、きれいごとばかりを並べ立て、中国の代弁をしているのだから姑息すぎやしないか。

一体、誰がこんな人物を駐中国大使に任命したのか、外務省の任命責任を問わねばならない。この経緯について、元外務省職員はこう言う。

「丹羽宇一郎氏を中国大使に任命したのは民主党政権時代の岡田克也外務大臣です。外務省の薮中三十二《やぶなかみとじ》事務次官以下省幹部やＯＢの猛反対にもかかわらず、岡田大臣が知り合いの丹羽氏を強引に大使に押し込んだと言うのが真相に近いでしょう。ちなみに、当時から伊藤忠は社を挙げて中国市場にのめり込んでおり、日本政府を代表する大使に日中ビジネスの特定の利害関係者を任命したことだけでも、岡田氏は外務大臣の資格を欠いた人物であることは明白です。こうなると、丹羽大使や大使館員には、中国とビジネスをしている他社の人間が近づかなくなったのは当然です。

その後、丹羽大使の数々の不適切な言動などに関して岡田氏が任命責任を感じていたとは聞いたことがありません。このような失敗人事は政権交代の代償だと嘯《うそぶ》いていたとの話を聞いたことがあります」

最後に、『毛沢東語録』の編集発行人で、毛の提灯持ちだった林彪《りんぴょう》について老婆心《ろうばしん》ながら触れさせていただく。中国の指導者たちにとって、たとえ自分たちの提灯持ちだったとしても、もはや利用価値がないと判断された人物の末路は悲惨だ。いとも簡単にその存在が消されてしまう。林彪も、『ザ・レイプ・オブ・南京』の著者アイリス・チャン氏も、親中派として知られ朝日新聞論説主幹だった若宮啓文《わかみやよしぶみ》氏も不可解な死を遂げている。

『習近平語録』を執筆した、「習近平の提灯持ち」の丹羽氏が中国から斬り捨てられないことを願うばかりだ。

第二章　鳩山由紀夫サンは「孔子平和賞」めざして中共一直線

拝啓　鳩山由紀夫様

私は今、文京区音羽の鳩山会館にて貴方への手紙をしたためております。咲き乱れる大輪の花が美しい御殿を彩り、貴方が政界デビューをされた当時〝正真正銘のサラブレッド・期待の新星〟と騒がれていたことを懐かしく思い出します。

昭和・平成と激動の時代を永田町という特殊な場で過ごされ、令和の新しい御代に入り、感慨深く地球の行く末を案じておられるのではないでしょうか。二十一世紀になったというのに、地球ではいまだ領土や資源収奪紛争が絶えず、人類の所業には目を覆うばかりです。

貴方は保守系の評論家から〝五五年体制の徒花《あだばな》〟などと評されてきましたが、恐らく〝哀れみの星・地球〟を救うため、「友愛星」なる宇宙の星から重要なミッションを帯びて地球に送り込まれてきた〝宇宙戦士〟なのでしょう。その片鱗は過去の発言からうかがい知ることができます。

朝日新聞が世界に誇る論壇誌『RONZA』（一九九六年六月号）にスイ星のごとく登場し、「わがリベラル・友愛革命」と題する政治理念を発表しました。コミンテルンの残党や進歩的文化人たちは拍手喝采し、貴方の嫌いな保守派は開いた口が塞《ふさ》がりませんでした。

「スペースシャトル『エンデバー号』で宇宙を飛んだ若田光一飛行士は、地球を眺めながら何を思ったことだろう。そして日本を見つけたとき何を感じただろうか。地図には国境があるが、実際の地球には国境が存在しないということを、どのように実感したであろうか。宇宙意識に目覚めつつあるこの時代に、国とは何なのか、私たちは何のために生きているのかを、いま一度考え直してみるべきではないか、政治の役割をいま見つめ直す必要があるのではないかと思う」

確かに宇宙から見れば、国境ほどナンセンスなものはありません。麻薬やマフィア資金の流入を止めるためにメキシコとの間に壁を建設しようとしている米国のトランプ大統領は人でなしですね。

「人類はなぜ宇宙意識に目覚めないのか？」

低次元な地球人に対して、やるせない絶望と怒りを感じる貴方の憤りが伝わってくるのが以下の発言です。

確か首相官邸で開かれた温室効果ガスの二五％削減に向けたイベントだったと思いますが、「地球から見れば、人間がいなくなるのが一番優しい自然に戻るんだという思いも分かる」。

地球の惨状を俯瞰すれば〝人間の存在こそ地球の癌《がん》だ〟と叫びたくなる気持ちもわからなくはありません。

盟友・習近平様

そして、盟友・中国の習近平様も貴方の思想に共鳴を受けた一人かもしれません。習様は現在進行形で激しい「民族浄化（エスニック・クレンジング）」を行っております。二〇一八年十月、ペンス米副大統領も「共産党が約百万人のイスラム教ウイグル人を収容所に入れ、昼夜を問わず洗脳している」などとウイグル弾圧を批判（二〇一九年十月にも同様のスピーチを公開し、自由世界から高い評価を受けました）。同様の弾圧は南モンゴルやチベットでも見られます。

軍事力・経済力を持たないチベットはなす術もなく、過去に約百二十万人以上ものチベット人が中国共産党によって虐殺され、近年も百五十人を超えるチベット僧が焼身自殺をはかり、チベットの悲劇を世界に訴えています。

こういった北京政府の蛮行も、宇宙から俯瞰すればある意味、理にかなっていると いう理屈になるのでしょうか。

人類友愛を説く貴方が、なぜ中国の要人に対して苦言を呈さないのか、私には長年の謎だったのですが、因果応報の宇宙の論理でいえば、いずれ中国共産党も滅びるからヨシというわけですね。何千万という人を餓死に追いやった文化大革命と大躍進、自国民の青年を無残に戦車でひき殺した天安門事件、中国共産党の歴史＝大虐殺の歴史であることを聡明な貴方が知らないはずがありませんもの……。

今でも忘れられないのは、旅先で出会った中国人のこんな言葉です。「宇宙からみれば国境などないが、〝万里の長城〟だけは宇宙からでもくっきり見えるのだ。すごいだろう！」などと鼻息荒く自慢していました。何という不届き者でしょう！

貴方も二〇一九年四月、第二回「一帯一路」国際協力サミットフォーラムに参加されました。さぞかしお疲れのこととお察し申し上げますが、老骨に鞭を打ってでも習様に「万里の長城は宇宙意識に反する人類の負の遺産です！　中国の恥にならぬようただちに破壊するか、それが嫌なら元の鞘《さや》に収まる、つまり、漢民族は万里の長城の内側に戻って国土を縮小すべきではないか？」と助言されてはいかがでしょうか。

それが実現すれば貴方が民主党の幹事長時代、来日したダライ・ラマ十四世が「高度な自治を求め、右手を中国政府に差し出しているが何も得られていない。左手で欧米や日本に協力を求めたい」と貴方にチベットの窮状を訴え、「力強くサポートさせていただく」と応えたあの日の約束を果たすことができるはずです。

（前章でも取り上げた）丹羽宇一郎氏の『習近平の大問題』（東洋経済新報社）には、習様が貴方に「中国は覇権主義をとらない。覇権主義は我々のDNAにはない。中国の軍隊は、守りの発想から作られている」とささやき、それを聞いた貴方も「習様の言葉を信じたいと思った」などとありました。

そういえば貴方はアイヌ民族の権利確立を考える議員の会の会長でしたね。

二〇一九年四月一日、アイヌを「先住民」と規定したアイヌ新法が成立しました。習様は「しめしめ、これで旧アイヌの人が〝北海道独立論〟を唱えれば、軍隊を使わずに北海道に中国自治区をつくれるぞ！　すでに北海道の土地はかなり買い占めているし、いざとなれば国民動員法だってあるから、北海道にいる中国人が〝決起〟してくれれば簡単に手に入る」と狂喜乱舞したようです。貴方の脳はすでに〝北京の巧妙な覇権ＤＮＡ〟にハッキングされているようですね。

日本への宣戦布告

二〇一〇年六月二日に、貴方は民主党両院議員総会で「国民が聞く耳を持たなくなった」と地球人の限界を嘆き、引退を表明。貴方はツイッターに「これからは総理の立場を離れ、人間としてつぶやきたい」と書き込みましたね。本当は「人間として」ではなく「宇宙人として」呟きたかったのでしょう。

さらに貴方は十五日、「私に『裸踊り』をさせて下さったみなさん、有り難うございました」と呟きました。真意がわからず「なりすましでは?」との憶測が広がりましたが、貴方自身が「答えはこの動画にあります」と、ある動画を紹介した上で、「官だけでなく国民全体が公共を担う『新しい公共』の理念。私はその理念と共に、動画の中の青年のように、踊り続けていきたいと思います」と書き込みます。

十五日に発信した「裸踊りをさせて下さった～この伝播力が必ず社会を大きく動かす」という真意は「これから日本国元首相の肩書をぶら下げた伝書鳩となって世界を

自由に飛び回り、オレ流裸踊り（意味不明の謝罪外交）を継続させる」という日本への恨み節であり、宣戦布告だったのでしょう。わずか九カ月で貴方を首相の座からひきずり下ろした日本をそう簡単に許すことなどできませんよね。思い起こせば「県外移設」発言で大きな波紋を呼んだため、結果、政界引退の流れとなってしまいました。普天間飛行場の移設先を「最低でも県外」と唱えたものの、代替案を見つけられず、辺野古移設に回帰したからでしたね。

貴方の熱烈なるサポーターだった朝日新聞ですら、「『怒』『怒』『怒』…辺野古表明、沖縄県民が抗議の波」（二〇一〇年五月二十四日付）とセンセーショナルなタイトルを掲げ貴方の政権を批判。アメリカの『ワシントン・ポスト』紙に至っては〝Ｌｏｏｐｙ（間抜けな）鳩山〟などと書き立て、英国の『ガーディアン』紙もそれを引用する始末。それ以降、貴方の本名が「Ｌｏｏｐｙ Ｈａｔｏｙａｍａ」と勘違いしていた外国人もいたそうです。

「県外移設案」は現在も東アジア共同体研究所を一緒にやっておられる孫崎享《まごさきうける》氏の提案だったのでしょうか。元外務省国際情報局長という立派な肩書を持つ孫崎氏のアドバイスを受け入れただけだったとしても、お立場がお立場だっただけに、ことは容易に収まりませんでしたね。

同時に政治資金問題が表面化したり、核安全保障サミットではオバマ大統領との会談を再三要請するも拒否されるなど袋小路にはまり、さぞかしＵＦＯで地球圏外に脱出したかったことでしょう。

復讐の伝書鳩へと生まれ変わった貴方は二〇一七年九月、辺野古へと舞い戻りましたね。手には「アベ政治を許さない」と書かれたプラカードを掲げ、空を睨《にら》むように周囲を威嚇していた写真が印象的でした。灼熱の太陽の下、貴方だけがスーツ姿で抗議活動、熱中症で倒れるかもしれない死の危険も顧《かえり》みず、米軍を追い出すために戦うお姿は、一度は貴方から裏切られた沖縄二紙も再び高く評価しています。

誰よりも喜んでいたのは、中南海に住む盟友・習様であったことでしょう。たとえ日本人の安全をないがしろにしてでも、北京で育んだ男同士の友情を大切にする気持ちを垣間見る思いでした。

まさに友愛って簡単に国境を超えるものなのですね。

また、貴方は「死を覚悟してでも、外国人にも国政参政権を与えたいという信念を持っている」といった趣旨の発言を何度もされています。私には「死を覚悟してでも」という宇宙戦士としての覚悟が伝わってきますが、老婆心《ろうばしん》ながら沖縄基地県外移設騒動の二の舞にならないためにも、この発言をなさるのでしたら今度こそ、誰もが納得するような代替案を用意しておかれたほうがいいかと思います。外国人に参政権を付与するのであれば、日本の国体と安全保障をどう守り抜くのかという説得力のある代替案がなければ、ふたたび鳩の丸焼きにされてしまいそうで心配なのです。

朝鮮半島で土下座裸踊り

政界引退後の二〇一三年、貴方は「由紀夫」から「友紀夫」に改名。友愛精神を貫くための強い意思表示だったのでしょう。その二年後、韓国に飛びましたね。

「ひざまずいて謝罪　韓国で鳩山元首相　韓国を訪問中の鳩山由紀夫元首相は12日、

ソウル市内にある西大門刑務所の跡地（西大門刑務所歴史館）を訪問した。同刑務所は、日本の朝鮮半島統治時代に独立活動家らが収監されていた場所で、韓国では〝抗日〟の象徴。現在は独立活動家らの『苦難の歴史』が、写真や資料で館内に展示されている。

この後、記者会見した鳩山氏は、『元日本の総理として、ひとりの日本人、人間としてここに来ました』と述べた。その上で、『日本が貴国（韓国）を植民統治していた時代に、独立運動家らをここに収容し、拷問というひどい刑を与え命を奪ったことを聞き、心から申し訳なく思っている。心から申し訳なく、おわびの気持ちをささげていきたい』と謝罪の言葉を繰り返した」（『産経新聞』二〇一五年八月十二日付）。

私は貴方が韓国に謝罪することは別の意味で大事だと考えております。貴方には今後も韓国に謝罪し続けていただきたい。ただし謝罪内容については作家・百田尚樹氏の『今こそ、韓国に謝ろう』（飛鳥新社）を参考にされることをお勧め申し上げます。百田氏のこの著書は謝罪すべき点を明確に指摘している良書なので、可能であれば貴方の財団でこの本を大量に購入し、韓国語の翻訳をつけてはいかがでしょうか。文在《ムンジェ》寅《イン》大統領への手土産として最適ですし、韓国の図書館や学校に寄贈されれば、真の日韓友好の礎《いしずえ》となること間違いありません。

「そんな予算はない」

またまたそんな嘘をおっしゃらないでください。貴方は子供手当二万六千円の大盤振る舞いを提言していた頃、お母様から毎月一千五百万円もの〝子供手当〟をいただいていたと報じられていますし、庶民から羨望の眼差しでみられる資産家にお生まれではないですか。

さらにAIIB（アジア・インチキ・インフラ銀行）の顧問に就任され、二〇一七年に公開された「パラダイス文書」（英領バミューダ諸島などタックスヘイブン〈租税回避地〉取引に関する情報文書）には、貴方が政界を引退した翌二〇一三年の三月から中国国有企業と連携してアフリカを舞台に石油資源開発を手がける香港企業の名誉会長となり、五年間で計約五百二十万香港ドル（約七千万円）の収入を得ていたことが明記されていますよね。あり余る資産をどうか日韓友好のためにお使いくださいませ。それと、ついでに拙著『日韓〝円満〟断交はいかが？』（ワニブックスPLUS新書）も、百田氏の本と合わせてご購入いただければ幸いです。よろしければこの本もいかがでしょうか。

北朝鮮も鳩山氏を「評価」

「鳩山由紀夫元首相が二〇一九年三月末、韓国ソウルでの講演で『特に日本は朝鮮半島の南北分断に大きな責任を有している』と発言したことが、北朝鮮から評価されている。朝鮮労働党機関紙『労働新聞』（17日付）は論評で、鳩山氏の『分断責任発言』のほか、いわゆる徴用工や慰安婦の問題などについても日本が謝罪すべきだと表明したことを『朝鮮民族に大きな不幸と苦痛を浴びせつつも、その責任を回避しようと躍起になっている日本当局に与える忠告だ』と指摘した」（『産経新聞』二〇一九年四月十九日付）

南北分断の最大の原因については諸説ありますが、馬渕睦夫氏は米ソ八百長冷戦に原因があったと指摘されています。

「1950年1月12日、アチソン国務長官は、ナショナル・プレスクラブで『中国大陸から台湾への侵攻があっても、台湾防衛のためにアメリカが介入することはない。アメリカのアジア地域の防衛線には南朝鮮を含めない』と演説した。要するに、〝韓国はアメリカの防衛線の外にある〟というメッセージを発信し、北の南下を誘発したといっても過言ではない」(『国難の正体』)と。

定住外国人参政権付与発言など、やけに朝鮮半島に肩入れする貴方の姿勢の謎について、ネットでは出生の秘密を含め様々な憶測が飛び交っておりますが、私は一九九五年の貴方の訪朝が、朝鮮半島のプロパガンダを担う伝書鳩としてのお役目を遂行せざるを得ない原因の一つだと思うのですがいかがでしょうか。

九五年三月二十八日から三十日まで、貴方は自民党・渡辺美智雄氏、社会党・久保亘《わたる》氏と一緒に訪朝し「日朝会談再開のための合意書」を発表しておられます。これは九〇年に自民党の金丸信氏、日本社会党の田辺誠氏と金日成《キムイルソン》が三党共同宣言を出した延長線上にあるものでしたね。

『月刊社会党』に貴方の訪朝記が載っていましたので、懐かしい思い出でしょうから一緒に振り返ってみましょう。

平壌《ピョンヤン》行きの飛行機には外務省の実務者や記者団以外に、最高人民会議統一政策委員会委員長、朝鮮アジア太平洋平和委員会委員長兼朝鮮労働党中央委員会の金容淳《キムヨンスン》書記を筆頭とする在日朝鮮人の重鎮五人も同乗していましたね。

平壌到着後、あなたたちが真っ先に向かったのは万寿台《マンスデ》の丘にある金日成の銅像で「参加者は主席の銅像に花籠と花束を献じ、敬虔な心情で挨拶をした」ようですね。その後、万寿台議事堂で金容淳書記を表敬訪問し、貴方は渡辺氏の挨拶のあと「会談を成功裏に進めて立派な結実をもたらせたい」と述べています。金容淳書記は「金日成主席が開拓した主体《チユチエ》の革命偉業は必ず立派に完成されるであろうと強調した」とありますが、その演説に熱心に耳を傾ける貴方の様子が目に浮かびます。夕方には万寿台芸術劇場で民族舞踏組曲を鑑賞され、芸術と美を愛する貴方は感涙にむせぶ体験をされたのではないでしょうか。

北朝鮮の外国の要人を幻惑するこの手のおもてなしには定評があります。あのサッチャーに次ぐ鉄の女として知られたアメリカのオルブライト国務長官ですら北朝鮮のマスゲームを見せられ、コロッと人心掌握されてしまった前例があります。お育ちの良い貴方の心を骨の髄まで掌握することなど朝飯前のことであったでしょう。

そして待望の夜の宴会が始まりました。渡辺団長は金正日《キムジョンイル》を前に「過去において日本は朝鮮人民に多大な苦痛と損害を与えた。与党三党の代表としてこれに対し反省し、謝罪する」と金王朝にひれ伏しました。その横にいて、貴方は真摯な姿勢で頷いていたことでしょう。この宴席に〝喜び組〟が同席したのかは定かではありませんが、訪朝団歓迎の宴は明け方まで盛り上がり、おそらく貴方の横にも眩暈《めまい》がするような美女がずっと寄り添っていたりしませんでしたか?

ともあれ前原誠司さんのように北朝鮮美女との親密そうな写真が週刊誌に出なくて良かったですね。もっともこれだけ朝鮮半島に土下座していれば、写真などたとえあったとしても流出するはずがありませんよね。

翌日は訪朝団から金正日に贈物を献上したそうですね。まるで朝貢外交のよう。朝貢といえば土産は三倍返しと言いますから、訪朝団はどんなお土産をいただいたのか教えていただけないかしら。まさかキムチだけということはありませんでしょう。そういえば、金丸信氏の自宅の金庫から刻印のない金の延棒が出てきたこともありましたっけ。

パブロフの犬のように

土産献上のあとは、朝鮮労働党中央委員会政治局委員の姜成山《カンソンサン》氏を表敬訪問、「日朝国交正常化のための政府間会談再開のために積極的に努力をする」と挨拶をして、平壌市内観光や万景台の金日成の生家を訪問、金日成主席の不滅の革命史と革命的過程に対する説明を受け、久保氏は「金日成主席の偉大さをいっそう深く感じる」と感想を述べました。

貴方も「金日成主席は朝鮮人民を立派に指導してきた偉大な領袖《りょうしゅう》である。政治家たちは人民のために働くべきだとした金日成主席の言葉どおりに活動しなければならない」と指摘しました。お二人の発言から訪朝団は一体となってマンセー一色に染まっていたようですね。

名残惜しい平壌の二日目の夜も明け、訪朝三日目。日朝会談再開のための合意書に調印した後、黄長燁《ファンジャンヨプ》書記と会見。黄長燁氏といえば、金日成の側近中の側近で主体思想の普及に努めた第一人者として日本でも知られていましたが、彼は九七年に電撃的な亡命を試み韓国へ脱北しました。北の秘密を握る男に裏切られた金正日は、黄長燁の親族三千人を一斉検挙し、強制収容所に収監したとも言われています。二年前に訪朝して北朝鮮を礼賛してきた貴方からしてみれば、黄長燁書記は許しがたい裏切り者なのでしょう。

その後、貴方が金正日氏との約束を履行するため、国交正常化に向けて活動したのか否かは知る術もありませんが、あなたの心の原風景には現在もあの日の平壌の〝マンセー〟な追憶が刻まれていて、パブロフの犬のように「朝鮮半島＝日本人として謝罪土下座」という方程式が発動するのですね。

そういえば、民主党党首時代に当時の森首相が国会議事堂の廊下で「君の髪型は金正日総書記に似ているね」と声をかけ、「初めて支持された（⁉）森首相の〝失言〟」という記事が『週刊宝石』に掲載され、貴方と金正日のグラビアが並んでいましたけど、おせじ抜きに本当にそっくりで素敵でしたわ。

〝マンセー〟の甘い記憶が忘れられず、理髪師さんに行くとき金正日のグラビアでもお持ちになって「このようにしてください」とでもリクエストなさっていたのかしら？

最後の花道を

私は貴方に最後の花道をつくって差し上げたいのです。もう一度思い出していただけないかしら、貴方が華々しく報道されていたあの頃を。政界デビューしたての頃、週刊誌はこぞって政界の貴公子と貴方を持ち上げ、元運輸政務次官・元衆議院議員の三枝三郎氏は「素晴らしい政治センスと抜群の国際感覚を持つ素質豊かなエリート」（国会ニュース）とマスコミは大絶賛していました。「現役政治部記者107人が選んだ21世紀のリーダーは誰か』（『文藝春秋』一九九六年新年号）の特集でも見事に上位ランクイン。アメリカの『タイム』誌だって「アメリカとの対等なパートナーシップを目指し、日本を事実上の一党独裁体制から民主主義の機能する国へと変えることに尽力した、賞賛に値する政治家」と高評価。二〇一四年には中国がノーベル平和賞に対抗してつくった「第五回孔子平和賞（受賞辞退者続出の不名誉賞）」の最終候補に選ばれたそうですね。

翌年は福田康夫氏、村山富市氏なども候補に挙がったそうですが、日本人で初めて孔子平和賞にノミネートされた輝かしい経歴は決して消えるものではありません。

さらに最近のツイッターで「既に東京五輪のチケットが売り出されたようであるが、例えばノーベル平和賞を受賞した核戦争防止国際医師会議は、放射能オリンピックと命名して放射能汚染リスクの残る東京でのオリンピック開催を疑問視している。日本では報道されないが、欧米でこのような動きが広まってきていることは理解すべきだ」と投稿。ノーベル平和賞でも欲しいのでしょうか。

そういえば、新たな政治団体「共和党」を結成され、ご自分を「棟梁《とうりょう》」などと呼ばせるご予定だそうですが、噂では誰も党員にならず、たった一人の「共和党」になりそうですね。「溺れる泥船なんかに乗りたくない」という声がどこからともなく聞こえてきますが、きっと私の空耳でしょう。とはいえ出世を阻まれてルサンチマンを抱き続けている一部の官僚や学者などがお仲間になってくれるかもしれませんね。

最後に多くの日本人が貴方に感謝していることをお伝えさせていただきますね。

悪夢のような民主党政権三年三カ月のお蔭で「トップの首相が大馬鹿者であれば、そんな国がもつわけがない」という貴方の遺訓の意味をしみじみ理解することができました。そんな大切なことに気付かせていただき、本当にありがとうございました。

かしこ

第三章

吉田清治をはじめとする「反日活動家」を征伐する！

北朝鮮への「帰国運動」が始まって四十年目にあたる、二〇一九年十二月十四日のNHKの夜七時からのニュースに脱北者の斉藤博子さんが出ていた。彼女は、『北朝鮮に嫁いで四十年　ある脱北日本人妻の手記』（草思社）という本を書いている女性だ。在日の朝鮮人と結婚した日本人妻として、一緒に北朝鮮に渡ったものの悲惨な体験を経て脱北した人だ。

同じニュース番組では、小島晴則氏も出ていた。元日本共産党党員の彼は、新潟で帰国運動に邁進していた人だ。彼が編纂した『幻の祖国に旅立った人々　北朝鮮帰国事業の記録』（高木書房）は、彼らが当時、刊行していた「新潟協力会ニュウス」なる、帰国運動支援のためのプロパガンダ新聞（昭和三十五年からの発行。月二～三回程度の刊行。四頁程度）を復刻復刊したものだ。これは償いの意味を込めて、当時の狂気にも似た北朝鮮「地上の楽園」を煽った文書を我々の前に提示したものだ。一読すれば、マスコミの煽動の恐ろしさを改めて感じる。

にもかかわらず、未だに悔い改めることなく、こういう北朝鮮に虐げられた人権問題を無視して、戦前の日本の「軍国主義」による被害者（慰安婦？）問題ばかりを取り上げる人々がいる。自称「人権活動家」「反戦運動家」たちだ。しかし、「地上の楽園」という「嘘八百」を信じて、地獄の北朝鮮に渡った十万人弱の人権をなんと思っているのだろう。まだ生きている人もいる。その人たちのためにこそ、汗を流すべき「人権活動家」は日本にはあまりいないようだ。

私は二〇一六年九月号の「新潮45」に「『慰安婦像をクレーン車で撤去したい』慰安婦問題を作った男の肖像」という記事を書いた。父親「吉田清治」が発信し続けた慰安婦強制連行なる虚偽によって日韓両国民が不必要な対立をすることも、それが史実として世界に喧伝され続けることも、これ以上、私は耐えられませんということで、その息子さんへの取材を通じて、私は慰安婦強制連行の嘘を暴いた。

嘘の出発点ともなった吉田氏の著作『私の戦争犯罪　朝鮮人強制連行』を担当した当時の三一書房の編集者にも取材をした。吉田氏は故人だが、その長男の語りを通じて、かなりの人物像を復元することにも成功したと自負している。その後雑誌『正論』などで社会党の土井たか子氏の秘書が、韓国の慰安婦追及団体と怪しげな「金脈」的関係があった事実なども具体的に指摘した。

誤解のないように指摘するが、慰安婦はいなかったなんて言っている人はいないだろう。あくまでも、日本国が十代の韓国の少女を強制的に連行して慰安婦にしたなんてことはない、「従軍看護婦」のような制度として確立した手法で、「従軍慰安婦」を創ったなんてことはない——と言っているだけなのだ。

産経だって、慰安婦と挺身隊とを混同していたのだ、朝日だけが間違えたわけではないとうそぶく朝日だが、社説にまでとりあげて、『女子挺身隊の名で強制連行』という虚偽を書いたのは全国紙では朝日だけだった。

ともあれ、未だに閉鎖的な状態のために、北朝鮮の人権問題がお茶の間で語られることは日本では少ない。本稿が、そういう情報鎖国・独裁体制を少しでも是正することに役立てば幸いだ。

深刻な人権侵害

まず、国際的な動きを見てみよう。

ロンドンを拠点に北朝鮮の女性や子どもへの人権侵害を追及している民間団体「コリア・フューチャー・イニシアティブ（ＫＦＩ）」が、脱北女性に関するレポート「性奴隷　中国国内の北朝鮮女性と少女の売春、サイバーセックス、強制結婚」（二〇一九年）を発表した。

〝中国に潜む脱北者二十万人の大半は女性で、その約六割が人身売買の挙げ句、強制結婚や売春窟で性奴隷にされている〟というものだ。ＫＦＩは、二年間にわたって中国や韓国在住の被害者四十五人以上への聞き取り調査を開始。その結果、脱北女性に関する人身売買で年間一億五百万ドル（約百十六億円）以上もの闇取引が発覚したと報じている。中には翻訳するのも憚《はばか》られるような衝撃的な内容が含まれている。

北朝鮮の楽園幻想の崩壊は、冒頭に記した本以前に、金元祚著『凍土の共和国—北朝鮮幻滅紀行』(亜紀書房)が一九八四年に出版されてから徐々に日本にも漏れ伝わり始めていた。二〇〇二年五月には中国遼寧省瀋陽市にある日本領事館に脱北者の家族が駆け込んだハンミちゃん事件も記憶に新しい。

一九九〇年代後半は食糧飢饉で数百万人の餓死者が出ていた時期で、九七年には脱北した安明哲氏による『北朝鮮絶望収容所』(ベストセラーズ)が出版されている。安氏が目撃した強制収容所の地獄の実態が暴露され全世界に衝撃を与えた。

この時点で、国連人権委員会などが調査団を派遣し、北の人権問題に真剣に取り組んでさえいれば、いくばくかは今日の脱北女性の悲劇の拡大は防げたかもしれない。にもかかわらず、この問題が国際社会に注視されなかった最大の要因は、北の手先となって国際社会を巻き込みながら、あることないことでっちあげた慰安婦問題をプロパガンダしてきた日韓の人権活動家たちの存在であることは否めない。

反日活動家の罪

彼らの功罪は後述するとして、なぜ今頃になってイギリス発でこのような動きがあるのか。どうやらロンドンを舞台に、水面下で奇妙な韓国保守勢力vs北朝鮮の情報戦が展開されているようだ。きっかけは二〇一七年五月九日、韓国で従北派の文在寅氏が大統領に就任したことから始まる。

まず、二〇一七年八月四日にウェブ上にＫＦＩのロゴマークだけがアップされ、彼らが最初に脱北女性に関するレポートを発表したのは二〇一八年三月。レポートの発表までに約八カ月の歳月を要していることから、慌てて立ち上げた団体だと推定される。

文政権発足により、欧州でもライダイハン問題など、韓国の恥部が拡散されることを恐れ、目くらましのために今頃になって脱北女性の悲劇を取り上げ始めた可能性も否めない。というのも本当に脱北者救済の人権活動をしたいのなら、もっと早くから着手していたはずだから。

現に日本では一九九八年から「北朝鮮難民救援基金」という団体があり、代表の加藤博氏は言葉の壁も乗り越えて、中国で身柄を拘束された過去もありながら、現在も命がけで救済活動を続けている。

加藤氏にＫＦＩについて聞いてみた。

「この団体は、北の女性の人権問題を扱ってきた団体としての歴史は浅いと思います。調査報告自体がどこかのスポンサーの要請で引き受けた可能性もあり、もしかしたら言論戦の一部かもしれませんね」と首をかしげた。

ともあれ、ＫＦＩのカウンターとして立ち上がったのが、「ライダイハンのための正義」ではなかろうか。これはイギリスの市民活動家、ピーター・キャロル氏の呼びかけで二〇一七年九月十二日に設立された民間団体。

二〇一九年六月十日には「ライダイハン像」がロンドンでお披露目されている。この団体には設立当初からジャック・ストロー元英外相の姿も見える。

ライダイハンといえば、ベトナム戦争に参戦した韓国軍が、現地でベトナム人女性を強姦・虐殺した事件で、強姦によって生まれて置き去りにされた混血児が数千〜三万人とも言われている。この問題を一九九九年に最初にスクープしたのは、韓国の左派系メディア『ハンギョレ21』だった。報道を受けて激昂《げっこう》した退役軍人がハンギョレ社を襲撃していることから、韓国では長年にわたってタブーだったことがわかる。

ちなみに慰安婦像を韓国のみならず世界中に建てている従北派の挺対協（韓国挺身隊問題対策協議会。現在は「日本軍性奴隷問題解決のための正義記憶連帯」と改称。略称「正義連」）も、このライダイハン問題に関わっている。ある意味、反日のガス抜きとして挺対協を利用してきた韓国政府はブーメランをくらわされたわけだ。従って、「ライダイハンのための正義」も、なんらかの形で北が関与している可能性がなきにしもあらずだ。

韓国でも近年、文政権の極端な左傾化に危機感を持つ保守派が軍や大学教授の中にも現れ始めている。李栄薫氏らの『反日種族主義』（文藝春秋）が、慰安婦問題や徴用工問題に関し、フェアな見解を述べているので日本にとっては喜ばしいことだが、だからといって日本は能天気にぬか喜びしている場合ではない。

朝鮮半島の歴史を俯瞰《ふかん》してみれば、いつの時代も事大主義。米中貿易戦争で中国が弱まり、国際社会において日本のプレゼンスが高まっているご時世が背景にあるということも忘れてはならない。

その証拠に、日本が弱腰で、韓国のプロパガンダに対して無意味な謝罪と金をばら撒いていた時期は、慰安婦問題に関し、フェアな視点で情報発信してきた韓国の学者や知識人は数えるほどしかいない。李朝時代から両班（支配階級）以外は人にあらずのお国柄で、大半の人は他者の悲劇は気に止めようともしないのだ。

朝鮮半島事情はもとより、さらなる問題は日本国内の反日活動家たちだ。

その筆頭だったのが、元朝日新聞記者の故・松井やより氏。バウラック（「戦争と女性への暴力」リサーチ・アクション・センター）は松井氏が発足させた団体で、彼女は従軍慰安婦女性国際戦犯法廷（北朝鮮の工作員などが介在して開催されたトンデモ模擬裁判）も主催している。東京の西早稲田で「女たちの戦争と平和資料館」を運営し、五百円の入館料を払って中に入ると、第二次世界大戦における戦犯として「天皇裕《ひろ》仁《ひと》」などと陛下の顔写真が展示されている噴飯ものの施設。紙幅の都合上、細かい説明は省くが、一九九二年にソウルで開催された第一回アジア連帯会議の慰安婦報告を狡猾《こうかつ》に利用し、丸二日かけて官邸にロビー活動をして河野談話を出させた張本人である。

そんな松井氏を、元朝日新聞記者の本多勝一氏が評したものを紹介しよう。晩年の松井氏は女性国際戦犯法廷を黙殺した日本のマスコミに対し深く絶望すると同時に、こんな発言までしていたのだ。

「たとえば拉致報道。『日本の国家は、いったい何千人の十三、四歳の女性を**朝鮮から拉致**して〈慰安婦〉にしたんですか』『そういうことを一切報道しない』」（『本多勝一　逝き去りし人々への想い』本多勝一／講談社　太字は筆者）。

晩年といえば、松井氏が鬼籍《きせき》に入ったのが二〇〇二年十二月二十七日、同年九月十七日には金正日総書記が小泉純一郎首相に対して拉致問題が北の犯行だったと正式に認めている。

一方、日本軍が慰安婦を強制連行した証拠は、日韓両政府が膨大な資料を調査してもいまだに見つかっていない。一体、松井氏は病床に伏しながら金正日の告白をどのような思いで聞いていたのだろうか。ともあれ松井氏の見解は、慰安婦強制連行をでっちあげ、拉致問題と相対化させたかった北の思惑を見事に代弁しているように思えるのだが……。

松井氏は、冒頭にも記したような同じ日本人女性の現在進行形の悲惨な人権抑圧になぜもっと目を向けなかったのだろう。

公娼＝性奴隷？

中国東北部における脱北女性への人権侵害のみならず、韓国国内でも強姦被害は日本の約四十倍とも指摘され、韓国の女性家族部発表（最初はひた隠ししていたが、『ハンギョレ21』がスクープ。情報を開示した）によれば、二〇一〇年時点での売春産業の規模は最大八・七一兆ウォン（約六千三百億円）、実に韓国GDPの約五％を占めているという。その六年前には盧武鉉政権が性売買特別法を制定したにもかかわらずだ。

「私たちから職業の自由の権利を奪うな！」と性風俗に従事している韓国人女性たち

がデモした事例もあるが、風俗取り締りをしてもこれだけ盛んな産業だったのだから、それ以前の状態は推して知るべしだ。

そもそも、慰安婦問題の原点は、韓国が外貨稼ぎのための国策として、自国の女性に売春を奨励していたキーセン観光に端《たん》を発する。

九二年、ソウルで開催された第一回アジア連帯会議に参加し、挺対協や松井氏らと一緒に慰安婦問題の火付け役を担った日本キリスト教婦人矯風会の高橋喜久江氏は、こう述べている。

「〝日本男性は経済的優越をかさにして、自らの欲望を満足させるために、韓国女性を性の奴隷としている〟という韓国教会女性連合会のアピールが出されたのは一九七三年七月のことだった。それから私たちの運動が始まったのである」（『売春問題にとりくむ』明石書店）

また、高橋氏は「韓国は貿易収支の赤字を、さきにはベトナム特需――青年の生命――

で補い、いまは若い女性の肉体であがなっているといわれる。ベトナム特需は一億七千万ドル、観光収入は二億七千万ドルだから前者を上回る収入源である」と憤り、韓国教会女性連合会と連携して、羽田やソウルの空港で「キーセン観光反対」のビラまきなどを行っていたという。その後、済州島で挺対協の初代代表尹貞玉氏と出会い、一九九〇年十二月、矯風会が尹貞玉氏を日本に招聘《しょうへい》し、協力関係を構築している。

松井氏らが最初に事務所を置いていたのも矯風会だった。活動家たちが売春から過去の慰安婦問題へと問題をすり替えるには、さほど時間を要さなかった。売春であれば韓国・北朝鮮の国内問題でしかないが、慰安婦問題に転嫁すれば日本糾弾の外交カードとして利用できると踏んだのであろう。

二〇一三年、前述したバウラックが開催した慰安婦に関するシンポジウムに参加したときのことだ。中央大学の吉見義明教授がパネリストとして参加していたので、最後にこんな質問を投げかけてみた。

「吉見先生の理論で言えば公娼=性奴隷ということになります。ならば現在日本で性産業に従事している韓国女性は六万人と言われていますが、彼女たちも気の毒な性奴隷なのでバウラックの方で救済活動などもしていただけないでしょうか？」

すると、吉見教授は「大きな問題ですので余力があれば……」と消えるような声で答えた。

この質問に会場はざわめき、失笑する人もいたが、私は本気だった。檀上で慰安婦問題を現在の価値観で裁こうとするパネラーたちに〝七十年前の出来事で、多くの当事者（日本人と慰安婦）が鬼籍に入ってしまって真相究明が難しい事例より、現在進行形で脅かされている朝鮮半島の女性達の性的被害の解決に向けて議論すべきでしょう。あなたたちの活動は結果、目の前の悲劇を隠蔽することにつながりやしないか〟と問いかけたかったからだ。

翌二〇一四年八月五日、朝日新聞は「慰安婦問題の本質　直視を」「慰安婦問題どう伝えたか　読者の疑問に答えます」と題する検証記事を掲載した。八〇年代から朝日で執拗に報道されてきた吉田清治氏などに関する記事について、各界から疑問や批判がわき起こり、ついに白旗を掲げざるを得なくなったのだ。

とはいえ、吉田清治氏の虚偽証言のみを取り消しただけの検証記事は、慰安婦とはまったく関係のない、ボスニア紛争の強姦事件まで持ち出し、慰安婦問題の焦点を「強制連行」から「女性の人権」にすり替えただけのロクでもない内容だった。

案の定、朝日新聞の謝罪報道から数年たっても、慰安婦問題は海外では解決どころか、さらなる悪化の一途を辿《たど》っていた。つい先日、再三にわたる日本の忠告も無視して一方的に解散された慰安婦財団設立のきっかけをつくった二〇一五年の日韓合意締結後も、アメリカでは在米韓国人、中国系の活動家らによって反日ロビー活動に拍車がかかり、史実にそぐわない慰安婦問題の記述がカリフォルニア州の高校教科書に掲載される動きも加速している。

日韓合意を受けて世界で報道された内容も一部紹介したい。

「いわゆる慰安婦制度は、計画的に組織された何十万という若いアジア女性の性奴隷化である。最初は通常の売春だったものが、女性の性搾取を目的とした巨大な産業に成長した。ホロコーストに匹敵する強姦、人身売買、監禁、拷問のシステムであった」（米「Counterpunch」二〇一五年十二月三十一日）
「一日に四十人の男とセックスさせられた。ついに日本がおぞましい慰安婦制度について謝罪した。生存者のチョン・オクサン氏は、朝鮮半島北部のハンヨン県の自宅から警官によって誘拐された時、まだ十三歳だった。多くの被害者は十四歳から十八歳だったが、その理由は軍が処女を欲していたからだ。誘拐に抵抗した家族は殺されたケースがあった」（英「The Sun」二〇一五年十二月三十日）

自国の姿を映す合わせ鏡

今になって読めば笑止千万《しょうしせんばん》な記事だが、一九九二年には北朝鮮発でこんな陳腐な慰安婦証言報告が日本のメディアでなされていたことも紹介しよう。

一九一六年生まれの金大日さんは、両親がいなかった十六歳の時に日本に連れられ、大阪の病院で働いていたところ、刀を持った院長に強姦され、従軍慰安婦として大陸に売られた。「二十三か二十四歳のある日、私は五十名も相手にしたので、疲れ果てて倒れてしまいました。そしたら兵隊が火のついた煙草を、鼻の穴や子宮に入れたりしたのです。（略）終戦直前に私たち朝鮮人と中国人女性五十名くらいを二列に並ばせて『もうこいつらは必要ない』と言い、小隊長が刀で『天皇のために』と首切りをはじめたのです」

大連の慰安所にいた李福女さんは、ある日兵隊の命令に従わない朝鮮人慰安婦二人が庭木に吊るされる姿を目撃。「奴らは（日本兵）、刀で彼女たちの乳房をえぐり取ったんです。血が吹き出ました。彼女たちが死ぬと、首を切って沸いた湯の中に入れ、その水を私たちに飲めと強要しました」。そして逃げようとした李さんの尻に赤く焼いた鉄棒を押しつけ、日本軍は慰安婦の食事に毒薬を混ぜて殺したなどと証言（伊東孝司「元従軍慰安婦と強制連行被害者地獄絵の証言」月刊社会党・一九九二年十月号）。

また、トラック諸島に連行された元徴用工・張陳秀さんも日本軍が「栄養失調の朝鮮人を軍刀の試し切りの標的にして死体は冷蔵庫へ」入れたなどと証言（前提書）。

この手の証言は突っ込みどころ満載だ。女衒《ぜげん》や慰安所経営者にとって慰安婦は大事な商売品なので、本当にこんなことを日本軍がやっていたとしたら、経営者が黙っていないだろうし、軍でも軍法会議にかけられ処罰されたはずだ。

以前、韓国で挺対協と一緒に慰安婦証言調査に携わっていたソウル大学・安秉直教授に慰安婦証言の信憑性について取材したことがある。北朝鮮のみならず韓国の慰安婦たちからもショッキングな証言が数多く出ていることについて聞いてみた。

日本兵が刀を抜いて慰安婦を脅し、関係を迫ったり、慰安所の経営者から電気拷問を受けたり、日本兵の求めを拒否して刀で股を刺されたり。飲まず食わずで一日に何十人もの相手をさせられ、衰弱死した慰安婦が山に打ち捨てられたり、死体を犬に食わしたり……。

これら証言の信憑性について、安氏に尋ねたところこう答えた。

「あり得ないことを喋っている……（苦笑）。最初に聞き取り調査をした際、日本軍を悪く言う慰安婦は、実は一人としていませんでした。むしろ日本への憧れの気持ちを感じた」

――なぜそういった当初の証言が消され、日本軍を糾弾するかたちで過激な表現に変容していったのでしょうか。日本軍を悪しざまにけなせばけなすほど挺対協のような活動家が「よく言った！」と慰安婦を褒め、盛り上がるから？

すると、安教授は「そういうところもありますね……。実を言えば、私はもう挺対協には近づきたくないのです」と苦笑した。

安教授を取材して発表した『週刊文春』の記事（二〇一四年四月十四日号）は、その後、元挺対協の大学教授や『週刊金曜日』から捏造《ねつぞう》・でっちあげなどと激しく糾弾され、韓国特有の異論を許さない同調圧力で安教授もあちら側に寝返ってしまい、裁判沙汰にまでなってしまったが、高裁で私の記事に捏造がなかったことが証明され、事なきを得た。安教授への取材を録画させていただいていた事が幸いとなった。言論には言論で応戦するのが普通だが、裁判という非情な手段で攻撃してきたということは、逆に言えば、それだけ安教授の証言が慰安婦問題の核心に迫るタブーに触れていたということだ。

実際に人間を犬に食わすシーンは冒頭で紹介した安明哲氏も指摘している。強制収容所で孕まされた女性に父親が誰か監視員が尋問するシーンだ。

「あの女はどんなに拷問しても相手の名前を言わなくてな。子供を犬に投げつけてやってもまだ吐かない。それで陰部に棒を突っ込んでかき回したら、やっと金萬淳の名前を吐いたんだ。あそこだけはお見事だったぜ。ただ、そこに無理やり棒切れを差し込まれてかき回されたもんだから、そのわめき声たるや、色気もなにもあったもんじゃなかったがね」(『北朝鮮 絶望収容所』ベストセラーズ)

ノミの血を吸ってまで

また、こんな報告もある。

「拘留所に入れられた政治犯たちは月に一度、屋外に出て日光浴をする。警備隊本部と拘留所とは背中合わせになっているので、日光浴をする彼らの姿をしばしば見かけた。（略）剃った青白い頭（男女とも）がいくつもいくつも、束の間の日の光の下に並んでいた。金串でひっかかれたのか、顔や喉、手足など、傷ついたところには膿《うみ》がたまっている。多くの者は疲労困憊《こんぱい》と拷問による負傷で歩くこともできず、犬のように四つんばいで這い、着ている服は血と膿だらけで悪臭を放っていた。日光浴をしながら蚤《のみ》を捕まえる彼らは、爪でつぶした蚤の血を吸っていた。自分の血が惜しいのか、飢えを癒そうというのか、男といわず女といわず、黙々と蚤の血をすすっている彼らの姿はあまりにも哀れであった」（前掲書）。

ちなみに性奴隷とは関係がないが、あえて私がこの証言を紹介したのは、実際に私も韓国で金寿姙女史から聞いているからだ。金女史は李垠殿下に嫁いだ梨本宮方子《なしもとのみやまさこ》妃殿下と二人三脚で晩年まで韓国の障害児を助ける施設運営に携わっていた。私は訪韓するたび、金女史にお会いし、方子妃殿下が眠る墓陵や福祉施設などを案内してもらいながら、様々なことを教えていただいたことがある。

金　「昔の朝鮮はすごく貧しかったので、ノミの血まで吸って生き延びていました」

大高　「えっ？　どうやって吸うのですか？」

金　「路上生活者は不潔でしょ。衣服の裏にはノミがビッシリついているんです。その衣服を舌でベロンと舐め上げ、口の中をノミ一杯にしたら、生き血を吸って残りカスをペッペッと吐き出すのよ」と教えてくれたのだ。

なので朝鮮半島の想像を絶する証言は、日本人から見れば荒唐無稽《こうとうむけい》なものでしかないが、あらためて彼の国の実情に耳を傾けると、実際にそのような想像を絶する人権侵害が古くから日常的に行われていたことがわかる。中国や朝鮮半島の人たちが日本軍の犯罪をでっちあげる際、彼らの感覚＝日本の感覚と錯覚しているところが彼らのプロパガンダの限界でもある。

例えば北朝鮮人権第三の道の事務局長・金熙泰氏は、中国における脱北女性の人身売買被害の実態についてこう指摘している。

「最も多い人身売買の形態は売買婚である。脱北女性と結婚したり同居する中国男性の大部分は、貧困者や年配者、身体障害者や精神障害者、犯罪者などで社会適応に失敗した人々だ。そして中国では長い間人身売買は習慣的に行われ、きわめて自然なことであった。そのため、買われた脱北女性は人間的な待遇を受けられず、殴打《おうだ》や苛酷な行為などの人権侵害が頻繁に発生する。（略）例えば、父と二人の息子の家に売られた脱北女性は、男三人の性のオモチャにされ、子供ができないと不妊女という理由で奴隷生活をしなければならない場合もあった。人身売買婚が起きるのは脱北女性が入って来たからだと、周りの人々から集団暴行される場合もあるなど数多くの問題が発生している。韓国のルームサロン（密室での酒色サービス提供）形態で運営される中国のカラオケ店では、脱北女性が非常に多く働いている。遼寧省瀋陽市西塔通りにある三十軒程のカラオケ店で百人あまりの脱北女性が働いており、青島でも数百人の脱北女性が働いている。（略）また、こうした風俗街は主に農村地域に生じている。河北省秦皇島市周辺には約十店の業者が密集している。ある業者は三階建てのビルで、一階は食堂、二階はカラオケ、三階は宿所兼売春場所として営業している。この業者は約百人の脱北女性を働かせ、二〇〇七年にはある女性が脱出したのを捕まえ、斧で左腕を切って殺し、二〇〇八年には脱出した女性の右足の膝をノコギリで切った。この女性は現在、ゴムの義足を着けて厨房の仕事をしているという」（北朝鮮人権第3の道編『北朝鮮全巨里教化所――人道犯罪の現場』北朝鮮難民救援基金）

脱出した女性の足を平気で切断するなどといった残虐性は、日本では聞いたためしがない。

慰安婦活動家＝中北の実情

ここであらためて二〇〇七年、アメリカのカリフォルニア州のマイク・ホンダ議員によって推進された悪名高い米下院百二十一号決議（対日非難決議）案をあらためて振り返ってみたい。

「一九三〇年代から第二次世界大戦までの間、日本政府は、『慰安婦』と呼ばれる若い女性たちを日本軍に性的サービスを提供する目的で動員させた。日本政府による強制的な軍隊売春制度『慰安婦』は、『集団強姦』や『強制流産』『恥辱』『身体切断』『死亡』『自殺を招いた性的暴行』など、残虐性と規模において前例のない二十世紀最大規模の人身売買の一つである」

中国や朝鮮半島の過去から現在に至るまでの身の毛のよだつ実情を知れば、アメリカで反日ロビイストたちによって筋書きがつくられた対日非難決議案が、なぜこのような荒唐無稽な表現になったのか納得もいく。この決議案はまぎれもなく、中国や朝鮮半島の当事国が自国に向けて書いたものだったのだ。

当時、この内容は海外で大々的に報道されたにもかかわらず、日本の大マスコミが報道を控えたため、おめでたい日本人はアメリカから自分たちの先祖が〝二十世紀最大規模の人身売買〟の大罪を犯したなどとレッテル貼りをされたことすら知らない人もいたことは残念でならない。

最後に脱北事情に詳しい評論家の三浦小太郎氏に対して、ある韓国人がつぶやいた言葉を紹介したい。

「慰安婦の人たちは、今、数十人しか生きていない。しかし、いま中国には、おそらく十万単位で同胞の女性が人身売買や買収を強制されている。北朝鮮を支援する太陽政策や、慰安婦に対しての支援を、今苦しんでいる難民女性を助けるために使ったら、どれだけ多くの女性の人権が救えるのだろう」

慰安婦問題の活動家たちには、是非ともこの言葉を直視していただきたい。やがて慰安婦問題の全貌が明らかになった暁には、活動家たちの功罪に世界中が厳しい視線を向けることとなるであろう。

第二部

捏造のオンパレード「朝日」「毎日」「NHK」「共同」は美容に悪い

第一章　朝日新聞の反日報道——韓国の教会で日本軍が虐殺？

文在寅大統領の「反日」宣言！

日本の統治下にあった朝鮮半島で起きた一九一九年の「3・1独立運動」から百年目にあたる三・一独立運動記念式典（二〇一九年三月一日）における文在寅《ムンジェイン》大統領の演説は、慰安婦問題、徴用工訴訟、レーダー照射、竹島……など、散々歴史の改竄《かいざん》を重ねて日本を悪玉にした挙句、南北統一の暁に日本から金を引き出すための方便でしかない白々しいものだった。

「親日の残滓《ざんし》を清算することは、あまりにも長く先送りされてきた課題だ」との主張もしていた。政敵である韓国内の保守派に「親日の残滓」のレッテルを貼り、封じ込めようとしているのだろう。

ともあれ、日本のメディアも、韓国の反日的な言動に振り回されている面が否めない。その筆頭が朝日新聞だと言えるが、また新たな反日報道疑惑が発覚した。

おりしもベトナムで米朝首脳会談が開催された二〇一九年二月二十七日のこと。

「日本のキリスト教徒17人が韓国・堤岩里《チエアムリ》訪問『過去の侵奪を謝罪』」と題し、

「韓国・ソウル近郊、京畿道《キヨンギド》華城《フアソン》市の堤岩里の教会で1919年4月15日、日本の官憲の蛮行により20人余りが虐殺される事件が起きてから100年になるのに合わせ、日本の日韓親善宣教協力会所属のキリスト教徒17人からなる『謝罪団』が27日に堤岩里の三・一運動殉国記念館を訪れた。（略）続いて、訪問団を率いる尾山令仁《おやまれいじ》牧師が代表祈禱《きとう》を行った。尾山氏は『主よ、植民統治時代に日本の官憲たちにより最も乱暴な事件が起きたのがここ、堤岩里教会でした。日本は当時、（独立運動の）三・一運動に参加したという理由で住民たちを拷問し、虐殺し、教会を焼き払いました』と述べた」

（『華城聯合ニュース』二〇一九年二月二十七日付）

と報じた。

日本のネット配信でも流され、現地で土下座する日本人牧師たちの写真は、それなりのインパクトがあった。事件の真偽は後述するとして、このタイミングでの謝罪行脚は、文政権が国をあげて準備していた〝三・一独立運動記念式典〟を後押しするためだったと推測される。

ところが、米朝首脳会談はトランプ大統領が席を立って中断。

予想外の展開となり、肩すかしを食らった文大統領は、振り上げた拳を下ろすに下ろせず、苦々しい表情で「未来志向で親日の清算を」「日本とは協力強化」などと、三・一独立運動記念式典で演説してみせた。

とは言え「京畿道・華城の堤岩里でも教会に住民を閉じ込めて火を放ち、幼い子どもも含めて29人を虐殺するという蛮行が起きました」(『聯合ニュース』)などとも述べている。

暴動鎮圧という、しかるべき理由があって発生した事件であるにもかかわらず、いつの間にか日本兵の蛮行といったように、例のごとく脚色された堤岩里教会事件。殊更、朝鮮総督府の残虐性をアピールしたい韓国政府にとって利用価値のあるものだった。

堤岩里事件については、すでに朴殷植《パクウンシク》が上海で伝聞によって執筆し、一九二〇年十二月に漢文で発行された『韓国独立運動の血史』（平凡社）には、次のように記述されている。

「四月十五日午後、日本軍の一中尉の指揮する一隊が、水原《スウオン》郡南方の堤巌里に出現。村民に対して諭示訓戒すると称して、キリスト教徒と天道教徒三十余名を教会に集合させた。そして、窓やドアをきつくしめ、兵隊がいっせい射撃を開始した。堂内にいたある婦人が、その抱いていた幼児を窓の外にだし、『わたしはいま死んでもよいが、この子の命は助けてください』と言った。日本兵は、子供の頭を刺して殺した」

では、実際にはどうだったのか。杉本幹夫氏の著書『「植民地朝鮮」の研究』（展転社）には、公文書からの引用として、次の一文を紹介している。

「被疑者側の一人が逃亡を図って抵抗し、他の一人が逃亡帯助の公務執行妨害を犯したことから、本事件が偶発的に発生した事実が分かる」

朝日新聞の援護射撃

だが、原因をたどれば致し方ない事件でも、堂々とプロパガンダに使い続けるには、敵国の後押しも必要だ。「敵国の人間の口を使って拡散」がプロパガンダの鉄則で、慰安婦を強制連行したなどと、唯一の加害者からの証言として注目された吉田清治《よしだせいじ》氏しかり、事実検証模もせずに南京大虐殺を書いた朝日新聞記者の本多勝一《ほんだかついち》氏しかり、枚挙にいとまがない。

実は堤岩里事件もニュースの出所を調べると、またもや朝日新聞が援護射撃どころか、先陣を切って執拗に報道をしていたことが判明した。私が調べただけでも一九八〇年代～二〇〇〇年代にかけて、三十件前後もの記事を報じている。主だった記事を年代別に紹介する。

「独立運動襲った弾圧　堤岩里の悲劇」（一九八〇年六月二十二日付）――事件を目撃した最後の生き残りだという田同禮《チヨンドンイエ》さん（当時、八十四歳）のこんな言葉から紹介されている。

「村に三十人の日本の官憲がやって来たのは、一九一九年四月十五日の真昼でした。講演会を開くから男はみんな教会に集まれ、と命じました。（略）地獄はそれから始まったのです。教会の戸が閉じられ、外からクギが打ちつけられました。そして、石油をかけ、火のついたワラを投げつけたのです。窓を破って飛び出す人には、銃口が待ち構えていました」

そのあとに説明が続く。

「日本統治下、人口約百五十人の集落を、五時間にわたって狂気が支配した。

教会に放たれた火は、三十三戸すべての住家にも向けられる。女性と子どもは、教会の裏山に逃れた。結婚まもない新妻は『夫を返せ』と泣き叫び、中年の婦人は燃え落ちる教会のそばを離れようとしなかった。二人は、しかし、その場で軍刀と銃の犠牲になった」

紙面の半分には新しく建てられた教会と、田さんの写真が大きく掲載されていた。新しい教会の再建築や遺族記念館建立資金について、東京や大阪のクリスチャンを中心に「堤岩里教会焼き打ち事件謝罪委員会」がつくられたそうだ。「『不条理な日本統治のあやまちをつぐなおう』という呼びかけに、全国から一千万円が寄せられた」とある。

日本人が焚きつけての訴訟ラッシュ

堤岩里報道が最も盛んだった時期は、いみじくも朝日新聞が〝慰安婦ビッグバン〟と揶揄《やゆ》されている九一年に重なる。しかも驚いたことに、日本人の焚きつけ、訴訟といった一連の動きまで一致するのだ。

「憲兵隊殺害で韓国人遺族が日本に公式謝罪要求　東京地裁に5月に提訴」（『朝日新聞』一九九一年三月二十日付）と題した記事が掲載された。

「1919年に始まった朝鮮独立運動で、朝鮮総督府が送りこんだ憲兵隊に殺害された韓国京畿道の農村、堤岩里の住民の遺族6家族が、日本政府を相手取って公式謝罪や弔慰の碑の建設などを求めて訴えを起こす。韓国入りしている日本の支援グループ『日本国に朝鮮と朝鮮人に対する公式陳謝と賠償を求める裁判を進める会』（宋斗会代表）との話し合いで、代表3家族が5月中に来日、東京地裁に提訴することが決まった」

在日の宋斗会氏は、慰安婦問題で高木健一弁護士と一緒に渡韓し、慰安婦問題を焚きつけた青柳敦子氏が私淑《ししゅく》していた人物である。

青柳氏は「朝鮮と朝鮮人に公式謝罪を。百人委員会」という組織の事務局長で、八九年、『朝日ジャーナル』に意見広告を出し、九〇年、渡韓し日本政府相手に訴訟を起こす原告募集のビラをまいている。

この活動の延長線上に金学順《キムハクスン》さんが名のりをあげ、朝日新聞の植村隆記者が「女子挺身隊の名で戦場に連行された」(『朝日新聞』一九九一年八月十一日付)と報道したのだ。

さて、宋斗会氏の関連で、朝日新聞に次のような題名で記事が掲載された。

「父が関係、72年後の謝罪　朝鮮独立運動弾圧『堤岩里』事件」大阪(一九九一年七月十五日付)」

簡単に要約すると、前述した宋斗会氏の招きで堤岩里事件における被害者の孫二人が遺族代表として日本を訪れ、山口県に住む、佐坂静夫さん(当時、八十一歳)と対面。佐坂さんの父・利吉《りきち》さんは、堤岩里近くで農地の開拓企業を経営しており、事件当日、憲兵隊の依頼を受け道案内役を務めたという。佐坂さんは遺族にあって何度も頭を下げて謝った。

遺族代表は「関係者から謝罪を受けたのは初めて。気持ちはよく理解できた」と述べたものの、握手の求めには応じず、「これは個人ではなく国としてきちんとあやまるかどうかの問題」という記事になっている。

実に奇妙な対面だ。当事者ならともかく、次世代の者同士が対面し、史実はどうであれ何度も謝罪している相手に対して握手を拒むものだろうか。まるで仕組まれた舞台装置ではないか。

この対面を企画した宋斗会氏と一連の流れを報じた朝日の目的は、堤岩里事件を国家間レベルの謝罪案件に格上げし、慰安婦問題と同列にすることだったのではなかろうか。

裁判結果の行方は？　朝日新聞お客様窓口のお答えとは……

さらに朝日は追い打ちをかけるようにこう報じている。

「憲兵隊に殺された韓国人遺族、日本の謝罪求め提訴」（一九九一年七月十六日付）

ここまで堤岩里事件提訴を報じるのなら、判決についても報じてしかるべきだろう。

だが、その後の報道や判決なども調べたものの見つけることはできず、朝日新聞お客様窓口に問い合わせをしてみた。

「九一年に二度にわたって堤岩里事件提訴を報じていますが、その後の裁判結果が報じられたのか否か教えていただけますでしょうか？」

担当者は「わかりません。お答えはできません」の一点ばり。

さらに、

「記事をお書きになった森北喜久馬記者はご在籍ですか？　森北記者に聞いていただければ提訴記事を書いたのですから、判決くらいわかるでしょうに」

と質問すると、

「それも答えられませんし、森北につなぐことも私が本人に聞くこともできません」

と三十分近くの押し問答でもラチが明かなかった。

結局、ネットで調べたところ、この案件は休止満了となっていた。意味がわからず知人の弁護士に尋ねてみると、こういうことだと言う。

「休止満了は裁判が起こされているのに、当事者が出頭しないために、進まない時に起こります。

第一回期日などは、例えば被告が出頭しなくとも請求を争う内容の答弁書が出ていれば擬制陳述がされて、通常の裁判手続にのります。もし訴状送達を受けて何もせずに欠席すれば、被告は原告による立証なくして、敗訴判決（欠席判決）となる。しかし、被告も出席し通常通り始まったあとに、当事者が動かなくなった場合、裁判所は困ります。

本件は本人訴訟と書いてあるから、代理人はおらず、例えば裁判所から釈明を求められても請求原因をきちんと特定できなかったり、やりにくい事情からずっと出廷しなかったなどが生じたのではないでしょうか」

要するに、原告にまともな代理人すらつかなかった案件ということになる。

スポークスマンがいる

ところが、朝日新聞は裁判の成り行きには、ほおかむりをしたまま、相も変わらず報道し続けていた。

「夫は教会で焼き殺された（手紙　女たちの太平洋戦争・韓国）」大阪（一九九一年八月二十六日付）

「十字架の村　田同禮さん

１９１９年（大正８年）４月15日の昼下がり。第20師団に所属する日本軍の１個小隊30人余りが突然、村にやってきた。14歳以上の男子を全員、教会に集めると、入り口に板を打ちつけ、石油をかけて、火を放った。飛び出して来るものには銃弾を浴びせた」

朝日新聞は、先ほども登場した田同禮さんを焼き討ち事件のただ一人の証言者として上記内容を紹介。田同禮さんは焼き殺された安珍淳《アンチンジュン》さんの妻だった。「女たちの太平洋戦争」といえば朝日肝いりの連載であり、あの吉田清治証言も、この連載で紹介されている。

九四年になると「歴史認識の隔たり、どう埋める　日韓共同取材・歴史」（一九九四年一月二十四日付）と題した記事が掲載されている。

「かつての植民地支配者と被支配者」「日清戦争に勝ち、勢いに乗って一九〇四年の日露戦争にも勝利した日本は翌年、伊藤博文を韓国に派遣し、外交権などを取り上げる保護条約を韓国に強要。渋る高宗《コジョン》を脅迫し、大臣たちを銃剣で脅して調印させた。一九一〇年八月、ついに韓国併合を強行した」「日本側は政府要人や財界人が失言を繰り返しているように『日本支配は悪いことばかりではなかった』との意識が根強い」と前置きした上、日本側の歴史認識がいかに間違ったものであるかという印象操作をするために、「日本軍は鎮圧の過程で、歴史に残る蛮行を犯した。『イエスを信じて滅びた村』と語り継がれる『提岩教会焼き討ち事件』である」と報じる。

ここでも前述した田氏の証言が紹介されているが、内容が微妙に異なる。田氏と同じく事件のスポークスマンである姜信範《カンシンボム》牧師は「この村にきた日本の憲兵、警察は村人たちに、『先日のひどい仕打ちを詫びたいので、十五歳以上の男子信徒は教会に集まるように』と告げ、二十一人の信者たちが教会に入ると、扉を封鎖、外から火を放った。逃げようとする信者は銃殺。教会前で夫を助けてと泣き叫ぶ妻たちの一人を斬殺、一人を銃殺した。さらに集落の農家三十三戸のうち自分たちが宿舎とする一軒を残し、全部焼き払ってしまった」と述べている。

この姜牧師は同年八月に神戸に来日し、堤岩里事件について語ったことを、朝日新聞は一九九四年八月十一日に報じている。

極めつきは宇都宮日記か？

訴訟も休止満了で慰安婦問題のように国内外世論に火がつかなかったせいか、朝日新聞もしばらく大人しくしていた。

ところが、二〇〇七年二月二十八日、三・一独立運動の前日、第一面の大スクープで「3・1運動の鎮圧　詳述」「宇都宮大将　15年分の日記」「虐殺隠蔽『抵抗理由に殺す』」「『恨みは自然』朝鮮人を懐柔」と題し、鬼の首をとったかの勢いで報じている。

「日本統治下の朝鮮で1919年に起こった3・1独立運動の際に朝鮮軍司令官だった宇都宮太郎大将（1861～1922）の15年分の日記など、大量の史料が見つかった」

「3・1独立運動が朝鮮全土に拡大し、朝鮮軍などが鎮圧する中で19年4月15日、『堤岩里事件』が起こった。宇都宮日記によれば、ソウル南方で日本兵が約30人を教会に閉じこめ虐殺、放火。宇都宮の知らぬ間に発生した事件だったが、朝鮮軍は発表で虐殺や放火を否認する。そこに至る経緯が日記に詳しい。

『事実を事実として処分すれば尤《もっと》も単簡なれども』『虐殺、放火を自認することと為《な》り、帝国の立場は甚だしく不利益』となるため、幹部との協議で『抵抗したるを以《もっ》て殺戮《さつりく》したるものとして虐殺放火等は認めざることに決し、夜十二時散会す』（4月18日）。

翌19日、関与した中尉を『鎮圧の方法手段に適当ならざる所ありとして三十日間の重謹慎を命ずることに略決心《ほぼけっしん》』。実際、30日間の重謹慎処分となった」

三十四面でも「情報軍人の思想・素顔映す」と題し、三・一独立運動に関して「群衆は独立の宣言書を撒布《さんぷ》し独立万歳を叫びつゝ街路を練り行き」と書かれた実物の日記や「明石工作」（駐スウェーデン武官、明石元二郎《あかしもとじろう》がロシアの弱体化を図り、資金の運用や情報収集にあたった）で使った小切手帳などを公開している。

翌日は社説で「宇都宮日記　苦い歴史の貴重な証言」（二〇〇七年三月一日付）と題し、前日のスクープに酔いしれながら、読者にこんなご高説を垂《た》れている。

「日本は植民地支配で鉄道や港を整備した。後の韓国の発展につながっていく善いこともした――。そんなことを強調する人もいる。

だが、統治の実態は相手を踏みにじり、生やさしいものではない。宇都宮日記は、そういう現実の一断面を生々しく物語っている。

武力による強硬な植民地統治に対して批判的な記述もある。当時の軍高官にそんな考え方があったことも改めて確認することができた。

ロンドンに駐在した経験を持つ宇都宮は、アジア発展への強い思い入れがあったようだ。そんなところは、アジアとの和解や軍縮問題で活躍した長男で自民党政治家だった故宇都宮徳馬氏に継がれたのだろう。

いずれにせよ、当事者による第一級の証言史料である」

二月二十八日の朝日の報道を受け、翌三月一日には韓国の数々のメディアも、朝日の宇都宮日記記事を早速報じている。

削除された一文

朝日が肝いりで報じた宇都宮日記は、二〇〇七年、岩波書店から『日本陸軍とアジ

ア政策　陸軍大将宇都宮太郎日記』（全三巻）として発行されている。

物事には原因と結果があるように、なぜ、教会でこのような惨事が起こったのか、目を通してみると、宇都宮氏が、いかに米国人宣教師たちの活動に手を焼いていたのかがよくわかる。

宇都宮日記を調べる中で、ある重大な事実に気づいた。

実は、朝日は大事な部分を消していたのだ。以下紙面に掲載されたもので、太字の部分は著者が日記から引用したものだ。


「事実を事実として処分すれば尤も単簡なれども、**斯くては左らぬだに毒筆を揮ひつつある外国人等に**虐殺放火を自認することと為り、帝国の立場は甚しく不利益」


現にこの事件の第一報は、外国人宣教師同伴で現場に乗り込んだ外国人記者だ。

『万歳事件を知っていますか』（平凡社）の著者、木原悦子氏によると、米人系の英字紙『モーニング・アドバタイザ』の京城特派員が四月二十四日付で本社に草稿、二十九日に「大虐殺と村の焼き討ち」と題した記事を掲載。記者は事件の翌日十六日、アメリカ領事館のカーチス氏に誘われ、宣教師のアンダーウッド氏と一緒に現場を訪れている。

また、カナダ人宣教師スコフィッツ博士もニューヨーク・タイムズ紙に寄稿し、一九年四月二十四日付の記事で配信されている。

いみじくも朝日が消した「斯くては左らぬだに毒筆を揮ひつつある外国人等に」によって国際世論に訴えられたのだ。

これに関連し、一応朝日も二〇〇七年二月二十八日付の三十四面で「キリスト教徒、民族宗教の天道教徒、学生らが主導し、『外国人殊に宣教師』の後援で蜂起したとみて、根は深いと分析する」と「外国人殊に宣教師」には触れてはいるが、だとしたら尚のこと第一面で「毒筆を揮ひつつある外国人等」を抜くのは姑息すぎやしないか。

毒筆朝日の上塗りをする

宇都宮氏があえて〝毒筆〟と書いたのは、外国人特派員が単なる事実を伝える記者ではなく、日本を不当に貶めるプロパガンダの担い手であるとわかっていたからだろう。

そして、外国人記者に書かせるネタを扇動していたのが外国人宣教師だった、と考えれば納得もいくだろう。

「殊に外人宣教師等の非行教唆煽動等の事実に関する記事の公開を慫慂《しょうよう》す」(三月四日)

「亦間島にも不穏の為め支那兵出勤、終に発火、死傷者あり。此騒擾《そうじょう》には英国宣教師混じ居りたりと云ふ。彼等が一朝一夕の隠謀にあらざるの事実を見るべし」(三月十三日)

事件当日、果たして宣教師は堤岩里にいなかったのか? 放火は誰が行ったのか?

今となっては真相を知る術もないが、ある戦史研究家によればこうだと言う。

「当時の日本軍は非戦闘員に対する殺傷を想定していませんでした。ですから、一中尉がしかるべき理由もなしに非戦闘員である村民を虐殺するとは、にわかに信じられません。事実だとしたら、想定外のアクシデントが発生した結果の行動ではないでしょうか。

宇都宮大将は、日露戦争において明石元二郎・駐スウェーデン大使付武官にロシア弱体化の工作をさせるなど、国際社会における諜報戦にたけていた人物です。ましてや針小棒大に日本を貶める外国人記者が狙っていた事件となれば、情報の取扱いになおさら慎重にならざるを得ないでしょう」

現に宇都宮日記によると、堤岩里事件後の四月二十一日、対耶蘇教運動等支持のために機密費五百円を交付している。また、二十四日には在鮮宣教師に対し教義戦開始のため、東京の日本耶蘇教本部を動かそうと、キーパーソンに千五百円支出することを約束しているのだ。いかに朝鮮総督府が、外国人宣教師が策動する情報戦に手を焼いていたかが理解できる。

朝日の〝毒筆〟は、国際社会に日本が過去行っていないことまでも事実としてあぶり出し、贖罪《しょくざい》意識を植えつけようと、隙あらば反日プロパガンダ記事を作成している。我々も心してかからねばならない。

朝日新聞「発」の吉田清治の「虚報」から、いわゆる「従軍慰安婦強制連行問題」が国際的問題に発展し、今日の日韓関係をこじらせる原因となっているのだ。虚報、捏造は見つけ次第摘発し根絶しなくてはならない。

第二章　毎日新聞は「中共」の手先なのか？

世界三十カ国で折込み

第一部第一章でも少し触れたが、二〇一八年末、英国の『ガーディアン』紙が興味深い記事を掲載した。

「Inside China's audacious global propaganda campaign（中国の生意気な世界的プロパガンダ戦略とは）」と題し、その中身は「中国政府は、驚異的な視野と野望を持った世界的プロパガンダ戦略の一環として、メディア局を買収し、多数の外国人ジャーナリストを鍛え、『中国のいい話』を伝える」（二〇一八年十二月七日号）という記事がそれだ。

この記事の中で特に注目されたのが、中国が資金を出した折込み紙（『チャイナ・ウオッチ』）の発行数の図表に、『毎日新聞』が六百六十万部と記載されていることだ。いち早くこの記事に注目した経済評論家・上念司氏は「毎日新聞はこの疑惑に対する説明責任がある。もし何も反論しないなら、チャイナの宣伝機関であることを認めたのと同じだ」と述べている。

『チャイナ・ウオッチ』とは、毎日新聞が二〇一六年八月より毎月第四木曜日に折込みで配布している四〜八ページの新聞のことである。紙面はオールカラーで中国の観光名所や若者のライフスタイルなど人目をひく内容であると同時に、日中友好をモチーフに、中国との経済協力や投資を煽ったり、習近平や一帯一路を礼賛する記事が多く、中には毎日新聞が発行しているものと誤解する購読者もいると思う。

よく目をこらしてみれば、紙面の片隅に「チャイナウオッチはチャイナデイリー社が発行する別刷りであり、毎日新聞社が配布協力を行っています」といった但し書きが記載されているが、そこまで注意深く観察する読者はそうはいない。

実際に『チャイナ・ウオッチ』を折り込ませている世界の新聞は、所謂タブロイド紙とは違って国の権威を代表するような有力紙ばかりだ。現在六種類の言語（英語、仏語、独語、スペイン語、ロシア語、日本語）で、毎日新聞、ワシントン・ポスト、ウォールストリート・ジャーナル（アメリカ）、デイリー・テレグラフ（イギリス）、フィガロ（フランス）、ハンデルスブラット（ドイツ）、ロシスカヤ・ガゼタ（ロシア）、エル・クロニスタ、ＵＮＯグループ（アルゼンチン）、シドニーモーニングヘラルド、オーストラリアン・ファイナンシャル・レビュー、ザ・エイジ（オーストラリア）、ザ・ネーションン（タイ）、ジャカルタ・ポスト（インドネシア）と広範囲にわたっている。

「ある報告書によると、チャイナ・ウオッチを月に一度折り込むことで、デイリー・テレグラフは年間75万ポンドの支払いを受けている」（ガーディアン紙）そうで、列記した新聞社も含む世界三十カ国以上で折込みさせる費用は相当なものだから、中国がいかに情報戦に本腰を入れているのかうかがい知ることができる。

「この折込みは道徳的で古典的なプロパガンダ戦略を取っていて、最近の見出しには、『チベットが40年の光り輝く成功を目の当たりにしている』や『習近平が開放政策を発表』『習近平が中国共産党の党員たちを称賛』といったものがある」(ガーディアン紙)

中国は一九五〇年以降、百二十万人以上のチベット人を虐殺し、約六千以上の寺院を破壊している。

また、二〇一八年、ペンス米副大統領も「中国はまた、仏教も厳しく取り締まっています。過去十年間で、百五十人以上のチベットの僧侶が、中国による信仰と文化への弾圧に抗議するために焼身自殺を遂げている」と指摘していた。

それにもかかわらず「チベットが40年の光り輝く成功を目の当たりにしている」などといった、よくもこんなしらじらしい記事を臆面もなく書けたものだ。

毎日新聞への公開質問状

『チャイナ・ウオッチ』の危険性について、日本では産経新聞記者の古森義久氏が二〇一二年の時点で警鐘を鳴らしている。

「中国に買収された米国ジャーナリズム『釣魚島は中国に帰属』と広告、日本は対応を急げ」と題し、ニューヨーク・タイムズ、ワシントン・ポストに「釣魚島（尖閣諸島の中国名）は中国に帰属する」などというトンデモ広告が掲載されたことに触れ、「意見広告は一般の紙面に完全に組み込まれた形で掲載されており、注意をしないで読んでいると、普通の記事だと思いこんでしまう人もいるだろう。特にワシントン・ポストの意見広告は、両側を一般ニュース記事で囲まれていた。広告なのか報道記事なのか、その区別が難しいのである」（『JB press』二〇一二年十月十日より）。

さすがに毎日新聞には、そのような日本人の神経を逆なでする露骨な広告は掲載されていないものの、言ってみれば、これが『チャイナ・ウオッチ』の正体なのだ。狙いを定めた国に友好や文化交流を装いながら浸透し、さりげなく中国共産党のイデオロギーや経済政策をバラ色に脚色して精神的な武装解除を促す。

一方、当該国を除く諸外国には、中国の軍事的覇権における虚偽の主張を一流紙の権威を盾に、あたかも記事のようにみせかけながら既成事実化しているのだ。

そんな『チャイナ・ウオッチ』を、毎月一回、朝刊に折込んでいる毎日新聞に、次の質問を投げかけてみた。

毎日新聞　広報担当者様
公開質問状

はじめまして。私ＤＨＣテレビ『虎ノ門ニュース』で金曜日のコメンテーターを務めております大高未貴と申します。

12月21日の虎ノ門ニュースにて、この度イギリスのガーディアン紙が「Inside China's audacious global propaganda campaign」（２０１８年12月７日）という記事を掲載し、その中の図表で『発行部数６６０万部の毎日新聞が中国を良くする記事（広告）が掲載されている』と説明しております。

記事の主な内容は、中国が国家戦略として世界各国に巨額の資金を投じ、中国共産党のプロパガンダを担うジャーナリストの育成や、プロパガンダまがいの記事を掲載させているといったものです。

具体的に毎日新聞がどのようなプロパガンダ記事（広告）を中国から請け負ったのか、この記事だけではわからないので、以下の質問にお答えいただければ幸いです。

1．ガーディアン紙における毎日新聞に関する報道は事実なのでしょうか？

2．事実であるなら毎日新聞はどのようなプロパガンダ記事（広告）を過去に掲載したのでしょうか？

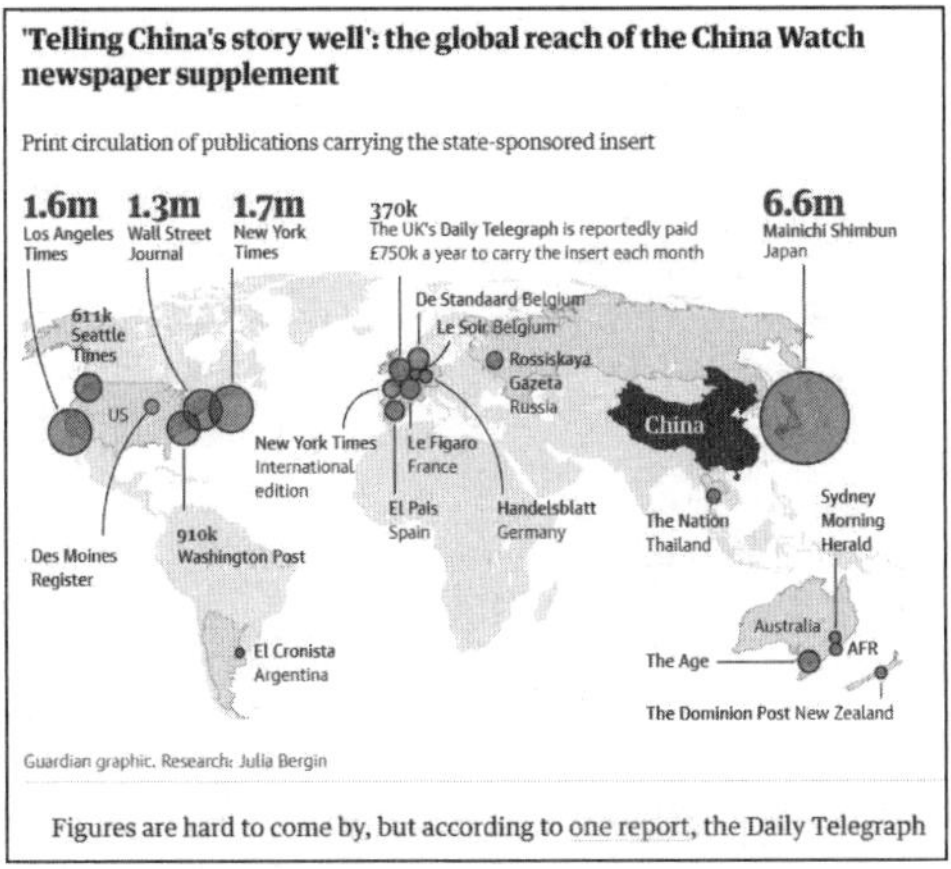

ガーディアン紙が掲載した『チャイナ・ウオッチ』の発行部数分布図

3．事実でないなら毎日新聞はすでにガーディアン紙に抗議ならびに訂正を申し入れしているのでしょうか？
又、それに対するガーディアン紙からの返答はありましたでしょうか？
平成30年12月22日

これに対して毎日新聞からの回答が次になる。

２０１８年12月27日
虎ノ門ニュースコメンテーター
大高未貴様

ご質問への回答

25日付でいただきましたガーディアン紙の報道に関わるご質問について、毎日新聞社社長室広報担当として下記のようにお答えします。ご査収ください。

1）当該記事については当社も把握しておりますが、本文中に毎日新聞社についての記述は一切ありません。唯一、図表類に660万部という数字が記載されていますが、当社としてはその根拠についても、一切関知しておりません。

なお、当社では、チャイナ・デイリー社側から広報紙「チャイナ・ウォッチ」を日本で発行したいとの相談を受け、2016年8月より日本語版の印刷、配布に協力することにしました。その際、同社と話し合い、記事の選択、削除、発行取りやめなどの権利は毎日新聞社側が持つようにしました。お読みいただければ分かるかと思いますが、日本語版は、中国側の宣伝につながるような政治的案件を除いた文化、芸術、スポーツ、観光、経済などに絞ったスタイルとなっています。当社は50年以上前から関係団体の毎日書道会を通じた文化交流の実績がありますが、日中関係がどのような状況にあっても両国間の交流を絶やすことなくお互いの理解を深めることが大事であると考えています。

2）1）で申し上げた通りです。
3）2）で申し上げた通りです。

毎日新聞社

社長室広報担当

中国系決済システムに誘導？

「日本語版は、中国側の宣伝につながるような政治的案件を除いた」とあるが、果たして本当にそうなのか。最近掲載された『チャイナ・ウオッチ』の紙面の一部を紹介したい。

最初に目に飛び込んできたのが、「日本でもモバイル決済を」と題する記事（二〇一八年十二月二十七日付）。

「訪日旅行者730万人に　日本で昨年1月から6月までに新しくウィーチャット・ペイを導入した小売店の伸び率6倍以上　47都道府県　空港・百貨店・コンビニ・飲食店観光地などでもアリペイが利用できる都道府県数」などと、アリペイ（中国企業アリババが主導するバーコード決済方式）導入を紙面一面を使って熱心に勧めている。

また、ウィーチャット・ペイを導入したドン・キホーテや富士急ハイランドなどの例も紹介し、「アリペイのデータによれば、モバイル決済により、中国人旅行者の日本での消費は急速に増えている。今年7〜8月に日本を訪れた中国人旅行者は、1回の旅行で一人あたり平均3900元（約6万2000円）近くをアリペイで消費した」とある。

これを読めば、「日本も急いでアリペイやウィーチャットを導入しないと乗り遅れてしまう」「売上倍増のチャンスだ！」といった思いに駆り立てられる。

二〇一八年十二月といえば、四日に日本でもソフトバンクグループとヤフージャパンが共同で設立したQRコード決済サービス「PayPay」のキャッシュバックキャンペーンが始まった時期だ。利用金額の二〇%がポイントバックされるというキャンペーンが注目されたことは記憶に新しい。日本でも消費税増税に向けて否応なしにキャッシュレス化、QRコード決済サービスで仁義なき戦いの火蓋が切られた時期に、「ちょっと待った！　ペイペイよりアリペイを！」と言わんばかりのタイミングだ。

ちなみにアリペイを促進しているアリババのジャック・マー（馬雲）氏も中国共産党党員であることが判明しており、ガーディアン紙は馬雲氏とアリババについて、次の指摘をしている。

「2015年に中国で最も裕福な人物（馬雲）が、115年の歴史があり、編集の独立性と厳しい報道で知られていたサウスチャイナ・モーニング・ポスト（SCMP）を買収した時である。4200億ドルの価値を持つアリババを所有する馬雲は、この買収をするに当たり、本土の示唆を受けたかという問いに対し否定をしなかった。彼は2015年12月に『もし他の人々の憶測をいちいち気にしなくてはならないのであれば、私は何かできるだろうか？』と言っている」（二〇一八月十二月七日付）。

ちなみにアリババの危険性については、日経新聞ですら第一面でこう報じている。

「中国でアリババ集団が築くスマホ経済圏が異形の膨張を遂げている。スマホ決済を軸に、通販やスーパー、金融、医療など、生活全てをカバーするサービスを提供する。利便性の代償は個人情報だ。購買履歴や関心、生体認証など、膨大なデータの一部は当局にも流れる。データをかき集め米ＩＴ巨大企業を超える速度で成長するアリババだが、その繁栄は共産党一党支配と密接に絡み合う。当局の関心事はアリババが持つ個人情報だ。顧客がレジの端末をのぞき込むと、画面に『支払い完了』と表示される。顔認証で払えるシステムだ。レジを開発したアリババは、顔など生体データを抱える。それだけではない。購買履歴、学歴や資産、通院や投薬歴など、6億人の顧客情報を抱え込むことで、ＡＩなどの技術で世界最先端を走る。（略）アリババは公安当局と協力して街を監視する役割も担う（略）。中国は企業や個人が当局の情報収集に協力するように義務付けた『国家情報法』を17年に定めた」（二〇一九年一月十三日付）

スマホ決済の代償は、個人情報をすべて中国政府に把握されるということを指摘している。こんな危険な代物を、日本人に向けて能天気に推奨しているのだから、これを「プロパガンダ」と言わずに何と表現すればいいのか。

バラ色の中国投資!?

さらに『チャイナ・ウオッチ』には、こんな大見出しが躍る。

「投資家たちが予測　今年は中国投資の好機」(二〇一八年一月二十五日)、「可処分所得たっぷり独身貴族7700万人」(二〇一七年十一月二十三日)、「中小都市に不動産旋風　大都市のサラリーマン購入」(二〇一八年四月二十六日)など。

不動産バブルが弾け、いつクラッシュしてもおかしくはない中国経済の実情を棚上げし、投資を掻き立てるような内容だ。最近では「習近平主席　開放の扉を更に開く」

（二〇一八年十一月二十七日付）と題し、上海で開催された「中国国際輸入博覧会」に「上海輸入博に3600社　日本から最多450社」などと、あたかも中国進出が世界のトレンドであるかのような印象操作までしている。

中国経済は米中貿易戦争の影響も相まって、ますますレッドラインの警鐘が鳴らされ、世界の企業が続々と撤退しているご時世に、いまだ〝中国進出のチャンスだ！〟などと煽り立てている。こんなものに引っかかるのは、経団連に棲息しがちな高齢の情報弱者くらいのものだろう。

思わず笑ってしまったのは、二〇一七年一月のダボス会議における習近平の演説を取りあげ、「習主席の演説は多くの評論家から評価された。英国のジャーナリストで『中国が世界を支配する時』の著者マーティン・ジャック氏は、『中国はその基本的な戦略や立ち位置から外れることはないだろう。習主席は中国経済が基本的に良好な状態にあり、現在抱えている課題も簡単に解決できる』と言っている」（二〇一八年十一月二十七日付）などと紹介していることだ。

いくら中国政府の御用学者の評価とは言え、こんなしらじらしい習近平の嘘をもっともらしくヨイショする記者がいるのだから、ガーディアン紙に〝金で雇われた中国共産党の専属スピーカー〟と言われても仕方がないだろう。

また、「国際市場へ　開放策に関する習主席のメッセージは、企業の経営陣らにも歓迎された」などと欧米や日本企業の経営陣のオベンチャラ・コメントも掲載されており、読んでいるほうが気恥しくなってしまう。

この時期のダボス会議と言えば、ちょうどオバマ政権からトランプ政権へと移行する最中で、アメリカからはバイデン副大統領とケリー国務長官が出席。習氏はすかさず米大統領出席不在の時期を狙ってダボス会議に乗り込み「これからはアメリカにかわって中国がグローバル経済を牽引していく」と宣言してみたものの、世界の反応は鈍かったのである。

息をするように嘘をつく

二〇一八年十月の安倍首相の訪中に関しては、「古代中国の哲学者、孔子は『四十にして惑わず』と説いた。40年前、その孔子の思想から強い影響を受けてきた中国と日本が中日平和友好条約を締結し（略）」という導入から始まっている（『チャイナ・ウオッチ』二〇一八年十一月二十二日付）。

「2国間関係は新時代に」などと、やたらと安倍首相訪中を礼賛しているのだが、アメリカとの貿易戦争の余波を緩和するための困った時の日本頼みにすぎない。

丁度、自国民の若者たちを無残に戦車でひき殺した天安門事件で、国際社会から批判を浴びせられていた時期に天皇訪中を画策し、中国制裁緩和の国際世論に導いて事なきを得た事例と同様の手法だ。

中国国内の日本企業が暴徒に襲われた二〇一二年の反日破壊活動を日本人が忘れたと思ったら大間違いだろう。

さらに、この記事の中で気になる点は、安倍首相が「一帯一路」への協力を表明したことに関し、「このような協調姿勢は、米国のトランプ大統領が引き起こした反グローバリズムの不穏な潮流の中で、世界経済に必ず良い影響を及ぼすだろう」「加えてトランプ政権の貿易相手国に対する横暴な振る舞いによって、自由な貿易・投資の恩恵を受けてきた経済諸国に多大なる圧力が及んだ結果、両国の距離を縮めることとなった』「トランプ政権の保護主義政策によって中日の距離は縮まったわけだが、両国の関係改善の主な理由は『協力拡大の実際的な必要性』に迫られたことにある」(『チャイナ・ウオッチ』二〇一八年十一月二十二日付)とあることだ。

「トランプという暴君のお蔭で日中の絆が深まった」と言いたいようだが、アメリカに追い詰められて窮地に陥っているのは日本ではなく中国である。日米分断工作を目論んでいる意図が透けて見えるが、なんともお粗末としか言いようがない。

また、『一衣帯水　経済学ノミクス』などという日中経済協力をテーマにした連載があるが、世界中から批判を浴びている一帯一路についても、「トランプ政権は『ガラガラポン』の手法で国際貿易システムを変えようとしていますが、これは世界経済を収縮期に向かわせ、中国がこのような国際情勢に対応するのは初めてのことです。(略)中国経済が世界経済の中の最も重要な一部分になって以後、すぐに提起したのが、各国が共同で経済成長を手にしようとした『一帯一路』構想でした」(二〇一八年七月二十六日付)などと息をするように嘘を並べ立てている。

一帯一路も宮崎正弘氏の言葉を借りれば「阿漕《あこぎ》な高利貸し」でしかないが、それを臆面もなく美談に仕立てあげるのだから、さすが『チャイナ・ウオッチ』だ。

南シナ海のみならず東シナ海制覇の軍事的覇権の見果てぬ野望、果てはアフリカへの経済侵略など、およそ孔子の思想とはかけ離れた中国。孔子学院なんて看板を掲げて世界の大学への文化侵略を試みたものの、近年、化けの皮が剝《は》がれ、欧米では孔子学院の廃止が相次いでいる。

ジャーナリズムを懸けて

極めつきは「盛り上がる　ウインター観光」と題し、中国の子供たちがスキーを楽しむ写真が一面で紹介されているのだが、写真キャプションにはこうある。

「スキー授業を受ける新疆《しんきょう》ウイグル自治区アルタイ市の小学3年生」

二〇二二年の冬季五輪は中国で実施されることになったが、無邪気に雪遊びをしている新疆ウイグル自治区では、同時に両親を不当に強制収容所に入れられ、スキーも雪遊びもできないウイグルの子供たちが、小さな胸に大きな不安を抱えて日々泣き暮らしている凍土の地だ。このウイグル地区の罪深い記事を読めば、やるせない思いが募るばかりだろう。

ウイグル人たちの悲痛な叫びに対して、地獄の新疆ウイグル自治区を楽しくて平和なスキー場のメッカだなどと報じた紙面を折込んでしまったことに対し、心ある毎日新聞の記者もさぞかし胸を痛めているのではなかろうか。

ちなみに、ウイグルに関しては確信犯だ。日本語版創刊号では「盛り上がる新疆ウイグル自治区の小さな村　サッカーで夢をつかめ」と題し、サッカーに夢中になる少年たちを取りあげながら「いつかイクサク出身者が中国の代表チームとして選ばれるのさ」（二〇一六年八月二十五日付）などと少年サッカーの審判を務める村の古老に語らせている。彼らの本音を代弁すれば「いつかイクサク出身者が東トルキスタンの代表チームとして選ばれるのさ」となろう。

また、「伝統守るウイグル楽器職人　外観ではなく音色」（二〇一七年九月二十八日付）も問題だ。イスラム教を棄教させるためモスクを破壊し、『コーラン』を焚書し、ウイグルの文化を弾圧している国際社会からの批判をそらすために、ウイグルの伝統弦楽器の職人の伝統工芸の素晴らしさを紹介すると同時に、〝中国はウイグルの文化をちゃんと守っている〟とでも言いたげな記事である。

ウイグルの監視社会については、米国で外交や安全保障の専門家たちが目を通すと言われている雑誌が、こう指摘している。

「いずれ中国はサイバースペースを思いどおりに作り直し、インターネットの大部分は、中国製ハードウエアを利用して中国製アプリで動くようになるかもしれない。（略）顔認証ソフト、音声認証ソフト、ＡＩを搭載したカメラやセンサーを大規模に設置することで、ジョージ・オーウェルの小説の高度な監視システムも構築している。このシステムが最も広範に運用されているのが新疆ウイグル自治区で、現地のウイグル人イスラム教徒の動向を管理することが目的とされている」（『フォーリン・アフェアーズ』二〇一八年十月号）

最後に、ガーディアン紙の次の指摘を紹介しよう。

「北京とその代理機関は影響の及ぶ範囲を広げながら、市場機能を競争原理の排除によって抑え込んだ。中国にとり力の誇示とはゼロサム・ゲームであるようだ。中国批判の論調は、北京が借り上げ、あるいは所有する船から発信する親中国メッセージの海にのみ込まれ、懐柔され、沈黙を強いられ、その土壌も葬られてしまう。西側メディアの最大の出資者である中国の愛国的メディア戦略は強大化しつつあり、最後の戦いは報道の手段をめぐってではなく、ジャーナリズムそのものを懸けたものになるかもしれない」

ガーディアンは、どちらかといえばリベラル系の新聞だ。アメリカでいえば「ニューヨークタイムス」。日本でいえば、朝日新聞や毎日新聞のような存在だ。にもかかわらず、これだけの主張を堂々としているのだ。

毎日新聞にそのまま送りたいメッセージである。

第三章　「現代史」を歪めて平気の平左のNHKに受信料を払う理由なし

朝日より酷いNHK報道

「NHKは、私が日本の占領時代に対して、好意的に発言した部分は全てカットし、戦後の日本の仕打ちに対して述べた不満の部分のみ放映した」と怒る台北在住の柯《か》徳三氏は「NHKの背後には中国共産党がいる」とまで言い切った。

いまから十年以上も前になる、柯徳三さんが憤慨したNHKスペシャル『シリーズJAPANデビュー』の第1回「アジアの〝一等国〟」(二〇〇九年四月五日放送)については、すでにさまざまな批判がされている。

名誉が棄損されたとして、台湾の番組出演者がNHKを訴えた訴訟で、高裁判決(二〇一三年十一月二十八日)は、名誉毀損を一部認定した。しかし、最高裁は二〇一六年一月二十一日、高裁判断を覆し名誉毀損はないとの判断を示した。また、本番組を巡っては、放送法上の義務違反ほかを理由とした集団訴訟等も提起されていたが、門前払いのような形で請求棄却となっている。

そうした放送後の裁判闘争に関しては、ここでは詳しく触れないが、「現代史」に関する歪曲報道に関して、NHKには「定評」があるというしかない。

実際、NHKの現代史の番組にしばしば助言を求められた体験のある有馬哲夫氏(早稲田大学教授)も、『NHK解体新書——朝日より酷いメディアとの「我が闘争」』(ワック)という本で、その点を鋭く指摘していた。戦前戦中は軍部、戦後はGHQに盲従し、現代史関係の番組を作るにあたって、左翼的な「作為」「ごまかし」をしばしばやっているとして具体的に検証している。

私も、この「アジアの〝一等国〟」に関して、現地にも取材した体験があり、ここで改めてその偏向番組を俎上にのせて検証しておきたい。

「かなしい」の真意

どうしても気になったのが台湾の原住民パイワン族が百年前のロンドンの日英博覧会に連れていかれ、〝人間動物園〟として展示された、という件だった。

実際、その催しに参加した一人、チャバイバイ・ブリャルヤンさんの息子・許新黄さんと娘・高許月さんという二人の老人も登場し、「悲しいね、この出来事の重さ語りきれない」などと証言したのだ。

ただ、不思議なのはナレーションで「（父親は）生前、博覧会について子供たちに語ることはありませんでした」と説明していた点だ。

とするなら、この息子さんや娘さんは何時、何処で誰から「この悲しい重さ」を知らされたのだろう？　さらに〝人間動物園〟とは如何なる形態のものであったのか？

それらの疑問を検証するため、放送直後、私は、「日本文化チャンネル桜」の取材班として二〇〇九年四月と六月、三度にわたって渡台した。幸い三度目の取材で二人の老人に出会うことができたので、その経緯から触れていこう。

NHKで「日英博覧会に連れていかれたパイワン族が住んでいた」と紹介された高士村は、高雄から車で約三時間の厳しい山岳地帯にあった。台北から午後一時過ぎの新幹線に乗ったにもかかわらず、着いたのは日も暮れかけた七時過ぎ。

私達は村の入口で車を止め、村の全容を撮影すると共に、手わけしてNHKの映像写真を手掛かりに村人たちに一軒一軒訪ねて歩く覚悟だった。ところが間もなく、取材班の一人、井上和彦氏が「見つかりました！」と言って、目の愛くるしい小柄なパイワン族の女性を連れてきた。

彼女は高許月さんの孫娘で「ハルコ」と名乗った。そして「すぐにも祖母の家に案内します」と言う。我々は早速ハルコさんに同乗してもらい、さらに奥深く、街灯一つない山道を二十分ほど走り、道の両脇に集落が開けたところに高さんの家があった。

高さんは突然の訪問にもかかわらず、快く取材に応じてくれた。

とりあえず「NHKの放送（台湾でもNHKは見られる）をご覧になりましたか？」と問うと、高さんは「いいえ、DVDを送ってくれましたけど、機械がないので見ていません」という。

「百年前にお父さんが日英博覧会で〝人間動物園〟として見世物になったという放送です。NHKはどんな取材をしたのですか？」

こう尋ねると、高さんは「わからないねえ……わからない」という言葉を繰り返すばかり。高齢なので込み入った話はどうも苦手なようだ。そこで、紙に「人間動物園」と書き、お父さんがこのような意味合いで見世物にされたというのは本当ですか？と問うてみた。高さんは文字を見ながら「わからない、言葉の意味もわからない」と何度も首を振った。

「NHKは取材の時、人間動物園という言葉を出したのですか？」「そんな言葉聞いていません。NHKはこの写真を持ってきました」と言って、父親チャバイバイさんの当時の写真を見せてくれた。そして「かなしいねえ……かなしい」と番組と同じセリフを吐露した。

この時、同行してくれていた在台ジャーナリストの片倉佳史氏が「かなしいという言葉には、パイワン族では懐かしいという意味もあるのです」と教えてくれ、これで問題の半分は氷解した。

実際、高さんは「近くに兄の許がいるから兄にも会って欲しい」と言い、私達を案内してくれたが、その道すがら「かなしい、かなしい」を繰り返し、涙まで流した。私が、何故泣くのか問うと、「日本人を見るとお父さんを思い出すからかなしい（懐かしい）」のだという。

ここで私たちの間で疑問になったことは、果たしてNHKは〝かなしい〟という言葉の二重の意味を承知しながら、あえて〝悲しい〟という日本語を充てたのかどうかだった。

兄の許さんは番組の中では無言だったが、映像では高さんのパイワン語の発言「悲しいね。この出来事の重さ語りきれない」という字幕が出たあと、許さんがフレームアップされ、それに被《かぶ》せて通訳だと思われる男性の「悲しいね、語りきれないそうだ。

悲しい、この重さね、話しきれないそうだ」という言葉が流れている。ここで情報操作、恣意的な意味の取り違えが行われたことは明らかだ。

許さんは実は、耳が遠く、大声で問いかけても質問にそぐわない答えが返ってくるだけだった。家族によれば「少しボケがはじまっている」のだそうだ。従って一時間近く粘ったが芳しい取材は出来なかった。

それでも遠方からの来客が嬉しかったのか日本語で「遠方、ようこそおいでくださりました。ありがとうございます」と大きな声で挨拶をしてくれた。

歪曲の新証言

その後、私たちは許さん、高さん二人のＮＨＫの取材に立ち会ったという隣家の陳清福さんを訪ねた。陳さんは、七十九歳だというが、驚くほど矍鑠《かくしゃく》としており、私たちのインタビューに流暢な日本語で応じてくれた。

——NHKは陳さんの所にも取材に来ましたか？

陳「来た。彼らは恒春に泊まり、三、四日間にわたってこの村に来た。熱心だから私も彼らを神社などに案内してあげたんだ」

——どのように報道されたかご存じですか？

陳「見た。あんなに長時間取材に応じたのに私は全然出ていなかった」

そこで私達は番組内容を説明し「人間動物園」の文字を見せたが、さすがの陳さんもこの五文字の意味がなかなか理解できず「動物の間に人がいるという意味か？」と首を傾げる。そしてNHKの取材の際、そんな言葉は一度も聞かなかったと証言してくれた。

「高さんがお父さんの写真を見せられて〝かなしい〟と言っているのは〝懐かしい〟という意味ですか？　と問うと、「ああもちろんだ。私はその場にいたから〝懐かしい〟と言っているって、きちんと説明してあげたんだ」。

私たちは、ここでようやくNHKの歪曲の証言を得た訳だが、一時間近く話すと、陳さんも全体像が見えてきたらしく、最後にこんな言葉で締めくくってくれた。

「嘘ですよ……〝人間動物園〟という言葉も悪い話も聞いていない。もし日本人によって見世物にされたというなら、村の全員にすぐ伝わるし、そうなったら戦争です」

実際〝首狩り族〟と呼ばれていた彼らは、一九三〇年、日本人の学校を襲撃し二百名余の死傷者を出したという記録もある。しかし日本の総督府は台湾人の間で差別されていた彼らを、一般台湾人と同様に、一国民として扱い、教育や環境整備などを行った。

その結果、彼らは日本に深く感謝し、第二次大戦では高砂義勇隊《たかさご》（台湾の先住民族はいくつかの部族に分かれているが総称として高砂族と呼ばれていた）が生まれ、五百人の募集に何千人も応募してきて、山岳戦に不慣れな日本軍の目となり足となって大活躍。ひもじくなるのを覚悟で自分たちの食べ物や水まで、日本軍に分け与えたという。

これは〝報道〟に非ず、〝プロパガンダ〟そのものだ

陳さんはこうも語った。

「みんな喜んで（イギリスから）幸福に帰ってきたんだ。帰ってきた人たちはみんな心が穏やかだったし、そういう悪評は聞いてない。みんな帰ってきた時に笑っているでしょう。酒飲んでいるし。踊りに関しては私はよく分からないけれど、もしそういう酷い扱いを受けていたら、みんな傷だらけになっているでしょう。

彼らはたくさんのお土産を手にして帰ってきた。どうして待遇が悪かったら、お土産なんて持って帰れるのか。イギリスに行った彼らはとても幸福だ。運がいい（略）」

そしてNHKが取材に来た際、スタッフを日本の神社に案内し記念撮影したという写真も見せてくれた。ただし、NHKの番組では何時間も取材につきあったという陳

さんの矍鑠《かくしゃく》たる姿も、流暢な日本語も流れていない。もちろん番組の意図に不都合だからに違いない。

こうした姿勢で作られた物を普通は〝報道〟と呼ばず〝プロパガンダ〟という。

またNHKは出演者の名前まで間違えたテロップを流していた。高許月さんの本当の名前は高許月妹さんだったのだ。高士村を去る時、高さんは再び顔を両手で覆って大泣きをした。NHKはこのような情感豊かな高さんの表情に〝悲しい〟というテロップを被せるという卑劣な手法で番組制作をしたのだ。

さらに〝ようこそ！〟と何度もお礼を述べてくれた許さん、丁寧に取材に応じてくれた陳さん、NHKは反論もできないこうした善良な老人たちを利用し、日本のみならずパイワン族の名誉まで自分たちの政治的イデオロギーのために不当に貶《おとし》めたのだ。

台湾から抗議文も

第二回目の取材の時に会った元・屏東県議員、国立高雄師範大講師で、現在は教育部原住民教育政策委員の華阿財氏も「パイワン族がロンドンの博覧会に連れていかれ、人間動物園として見世物にされたとNHKが報じている」と説明すると、目を大きくひんむき、憤激の体《てい》で頭を何度も左右に振って、こう証言した。

「ロンドンに行ったパイワン族の二十四人は誇りを持って民族の舞踏や戦いの儀式を披露しました。滞在が一年四カ月にも及んだので若い人の間では恋も生まれ、結婚式もあったと聞いています。

イギリス人との友情も深まり、その後、イギリス人学者二人が部落を訪れ、二十五日間も滞在して相互交流を深めました。その時イギリス人がパイワン族に英語の歌を教えてくれ、それがいまでも部落に伝承されています」

そして「私は英語下手ですけど」と照れ笑いしながら、その歌を二回も披露してくれた。

私たちが持参したＤＶＤを見ると「これはパイワン族の名誉に係る問題だ」と激怒

し、NHKに抗議すると息巻いていた。また、番組の中心人物である柯徳三氏もNHKの捏造《ねつぞう》、偏向報道について正式な抗議文を出している。

NHKはこうした日台からの抗議に対し「番組では当時、イギリスやフランスが博覧会などで植民地の人々を盛んに見世物にし、それを〝人間動物園〟と呼んでおり、日本もそれを真似たと報道したものです」と巧妙な言い訳を展開し、様々な資料を示している。

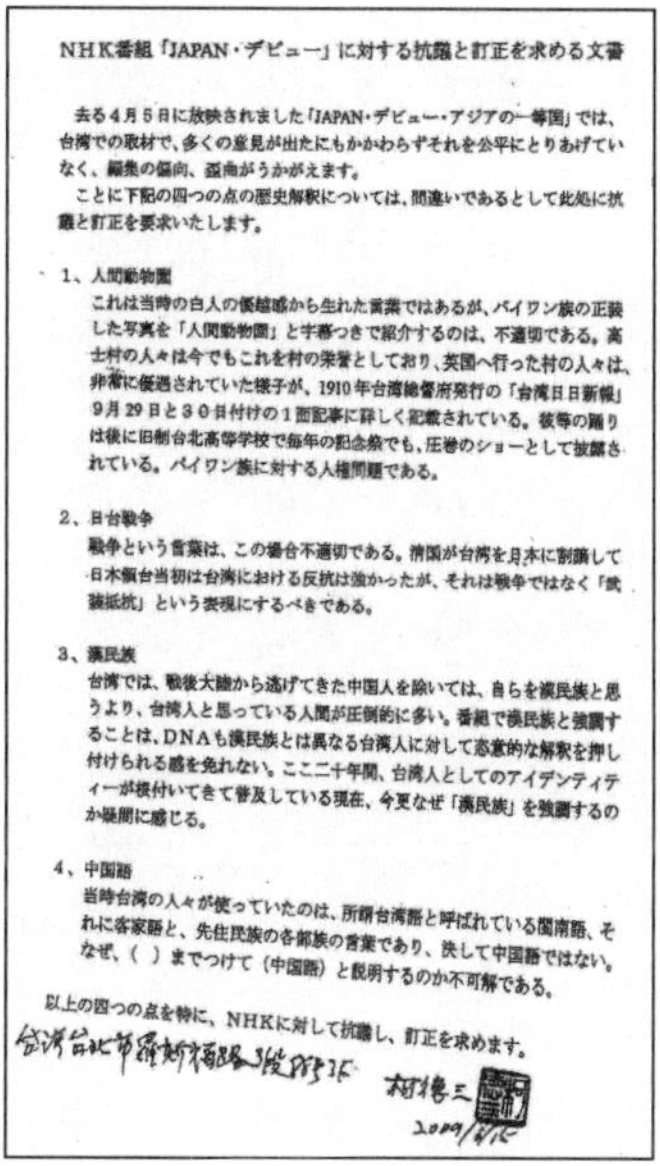

NHK番組「JAPAN・デビュー」に対する抗議と訂正を求める文書

去る４月５日に放映されました「JAPAN・デビュー・アジアの一等国」では、台湾での取材で、多くの意見が出たにもかかわらずそれを公平にとりあげていなく、編集の偏向、歪曲がうかがえます。

ことに下記の四つの点の歴史解釈については、間違いであるとして此処に抗議と訂正を要求いたします。

1、人間動物園

これは当時の白人の優越感から生れた言葉ではあるが、パイワン族の正装した写真を「人間動物園」と字幕つきで紹介するのは、不適切である。高士村の人々は今でもこれを村の栄誉としており、英国へ行った村の人々は、非常に優遇されていた様子が、1910年台湾総督府発行の「台湾日日新報」9月29日と３０日付けの１面記事に詳しく記載されている。彼等の踊りは後に旧制台北高等学校で毎年の記念祭でも、圧巻のショーとして披露されている。パイワン族に対する人権問題である。

2、日台戦争

戦争という言葉は、この場合不適切である。清国が台湾を日本に割譲して日本領台当初は台湾における反抗は強かったが、それは戦争ではなく「武装抵抗」という表現にするべきである。

3、漢民族

台湾では、戦後大陸から逃げてきた中国人を除いては、自らを漢民族と思うより、台湾人と思っている人間が圧倒的に多い。番組で漢民族と強調することは、DNAも漢民族とは異なる台湾人に対して恣意的な解釈を押し付けられる感を免れない。ここ二十年間、台湾人としてのアイデンティティーが根付いてきて普及している現在、今更なぜ「漢民族」を強調するのか疑問に感じる。

4、中国語

当時台湾の人々が使っていたのは、所謂台湾語と呼ばれている閩南語、それに客家語と、先住民族の各部族の言葉であり、決して中国語ではない。なぜ、（　）までつけて（中国語）と説明するのか不可解である。

以上の四つの点を特に、NHKに対して抗議し、訂正を求めます。

柯徳三

番組で中心人物として取り上げられた柯徳三さんがNHKに抗議文書を送った

しかしそうした資料のうち、『日英博覧会事務報告』によると、『日本余興』という項目があり、以下のようなイベントを展開するとある。

①会場内に日本家屋を数件建築し、日本物品の製作実演（農民による米俵編みや綿花紡績）

②パノラマ的な田園の模型
③アイヌ部落
④台湾蕃人《ばんじん》（パイワン族の生活状態）
⑤本部演劇
⑥コマ曲芸、手品、水芸等
⑦活動写真
⑧要馬（流鏑馬《やぶさめ》と思われる）術

また、京都の大相撲一行も同行し、迫力ある勝負を披露したという。

「日英博は一代の光栄」

NHK的見解によれば、こうしたものすべてが〝人間動物園〟となるわけだが、何故か番組ではパイワン族以外はまったく触れられていない。また明治四十三年九月二十九日、三十日の『台湾日日新報』にも示されているが、それを詳細に読むと、次のような件《くだり》がある。

〈蕃公一代の光栄　生蕃館《せいばん》は日英博余興中の呼び物の一つで、毎日多くの外国人に接して居るが、八月六日は彼ら一代の面目を施した日である。すなわち英国皇帝皇后の両陛下が御来賜（略）〉

〈衛生状態は佳良〉という見出しでは、行きの航海の中でマラリアが続出したが、幸いに回復し、十分な食料と酒と睡眠時間を与えられ台湾にいたときよりも太った、とあり、〈蕃公の感じた事ども〉では、インドのコロンボで黒奴が手つかみで食べているのを見て、自分たちよりも下等人間だと笑ったとか、子どもを会場に連れてくる西洋婦人が少ないのに疑惑を感じた、西洋人の男女が手を組んで歩くのは不都合だと憤慨した等々、異文化に遭遇した驚きが率直に報じられている。

また〈英語が上手、ハイカラ蕃公〉では北海道のアイヌより生蕃は活発で物覚えが良く、いつの間にか英語を覚え、サンキューとかグッドモーニングなど、日本語よりも覚えやすいと自慢していたなどとある。

日本は「断固、不感服」

NHKが〝人間動物園〟をフレームアップしようとして欣喜雀躍《きんきじゃくやく》したのは以下の部分であろう。

〈此《こ》の日英博には〝小日本〟という日本の各種職業を網羅した一部落がある。又「宇治村」といふ農業者から成り立った一部落があって、共に六片（ペンス）の入場料で（略）生蕃館もアイヌ館も同一の見世物とされている。

キラルヒーなる博覧会代表者の欲深いユダヤ人がこれらのものを呼びものとして博覧会を繁盛させる手段に供せられたので、我々はこの仕打に、甚だ不感服であるが今更後悔しても取り返しのつく話でないから泣き寝入りの外はない。

尤も「アイルランド村」もあってアイルランド人も見世物になって居るではないかという人もあるが、このアイルランド村は個人の興行物に過ぎない寄席や芝居と性質を同じくして居る。いやしくも堂々たる官吏が監督者となって英国まで（出かけて行って）見世物にされているのは余りよい心持ちはしない。是《これ》も日英博覧会の性質を誤解した結果と思う。

然し生蕃は一日二志（約一円）ずつの日当で旅費、食費はシンジケート（主催者）持ち、他に絵ハガキなどの収入もありロンドンまで見物ができるのであるから大いに仕合であろう〉

一日二志という日当は相当な金額であろう。また、見世物にされたなかには日本人やアイルランド人も含まれており、日本は開催中にその事に気付き「断固、不感服」という姿勢を貫いているのだ。

こうした細部を省き、あたかも日本人がパイワン族を〝人間動物園〟としたかのような報道は恣意的な歪曲というしかあるまい。

ちなみに「蕃《ばん》」という言葉は、清朝から「生蕃《せいばん》」（山地原住民）、「熟蕃《じゅくばん》」（平地原住民）と言われており、一九一〇年代もそれをそのまま使っていたという。

ところが一九一二年に、昭和天皇が摂政宮《せっしょう》（皇太子）の頃、台湾へ行啓された際、原住民の踊りがとても芸術性に富んでいるのをご覧になられ、「どうして蕃人などと呼ぶのですか？」と側近にお尋ねになり、それがきっかけで「高砂族」という言葉を使うことになったのだという。

公共放送局の資格なし

ところで台湾取材の後、この原稿を書きながら『レイプ・オブ・南京』の著者・アイリス・チャンの遺作、『チャイニーズ・アメリカ』をパラパラとめくっていて驚愕した。そこには「初めてアメリカに到着したＡｆｏｇ　Ｍｏｙという中国人女性はＮＹ博覧会で〝ＣＵＲＩＯ〟として見せ物にされた」とある。

ＣＵＲＩＯというのは骨董品とか美術品という意味だが、パイワン族の〝人間動物園〟とまったく同じ構図ではないか。アイリス・チャンが中国政府の指令により動いていたということは、今や誰もが知るところだが、冒頭の柯徳三氏が主張するように、NHK「JAPANデビュー」の背後に中国共産党政府が存在したであろうことが、これにより間接的に推測される。

そういえば、中国の深圳の郊外に民俗村というテーマパークがあり、六十を超える少数民族の住まいや生活が再現され、民族衣装を着た若い女性たちが歌や踊りを披露しているが、中国人たちはあれも〝人間動物園〟と呼んでいるのだろうか。

情報関係者によれば、最も洗練されたプロパガンダは「敵国の情報を巧みに組み合わせ、敵国人に告発させること」なのだそうだ。

今回の問題は、NHKがそうした中国のプロパガンダ工作に意識的に乗った結果と考えてほぼ間違いあるまい。無理やり受信料を取り、天下のNHKと公共放送を自認する資格など、もうどこにもない。

第四章　慰安婦捏造を繰り返す共同通信

目を疑う記事には呆れるしかない

二〇一九年末、目を疑いたくなる記事が配信された。共同通信が〝河野談話を補強する資料が発見された〟とし、さらにロイター通信によって、資料の本筋とは著しく異なり、一方的に日本を貶《おとし》める形で世界中に配信され、国内外でも話題を呼んだ。何しろ中東のメディア、アルジャジーラまで報じているのだ。

河野談話の最大の問題点は、談話発表後に河野洋平氏が記者会見で、記者に「慰安婦の強制連行の事実があったという認識なのか」と問われ、「そういう事実があったと。

結構です」と答えていることだ。それまで慰安婦の強制連行に関し日本政府は一貫して否定してきたし、現在に至るまで河野氏の回答を裏付ける資料は日韓両政府が血《ち》眼《まなこ》になって探したけれど見つかっていない。

その後、河野談話発表に関して産経新聞が、韓国政府とのすり合わせや、ずさんな慰安婦証言調査に基づいていたことを報じた。さらに石原信雄元副官房長官などの国会での陳述により、談話の根拠が揺らぎ、政府も二〇一四年に有識者を集めて「河野談話の作成過程の検証報告書」をまとめた。そこには「一連の調査を通じて得られた認識は、いわゆる『強制連行』は確認できないというものであった」と結論付けられている。つまり事実上、河野談話は消滅しているのだ。にもかかわらず、この期に及んで闇雲に河野談話を後押しする共同通信の記事には呆れるしかない。

まずは共同が発した記事を紹介しよう。

〈慰安婦「兵70人に1人」と記述　外務省文書、軍関与を補強

旧日本軍の従軍慰安婦問題を巡り、関連する公文書の収集を続ける内閣官房が20

17、18年度、新たに計23件を集めたことが6日、分かった。うち、在中国の日本領事館の報告書には「陸軍側は兵員70名に対し1名位の酌婦を要する意向」「軍用車に便乗南下したる特殊婦女」などの記述があった。「酌婦・特殊婦女」は別の報告書内で「娼妓と同様」「醜業を強いられ」と説明され、慰安婦を指している。専門家は「軍と外務省が国家ぐるみで慰安婦を送り込んでいたことがはっきり分かる」と指摘する。1993年の河野洋平官房長官談話が認定した「軍の関与」を補強する資料と位置付けられそうだ〉(二〇一九年十二月六日付)

私はこの記事を読み、妙な胸騒ぎを覚えた。

過去にもこんな例がある。朝日新聞は宮澤喜一首相が韓国を訪問する五日前、一面トップの記事扱いで「慰安所　軍関与示す資料」と報じ(一九九二年一月十一日付)、首相訪韓の際、盧泰愚大統領に謝罪し、それに続いて加藤紘一官房長官が軍の関与を認める談話を発表。原典は中央大学の吉見義明《よしみよしあき》教授が発見した資料だが、よく読み込めば、悪質な業者が不統制に募集し「強制連行」しないよう軍が関与していたことを示しているものだった。

ところが、朝日新聞は苦肉の策で〝軍による広義の関与〟であると問題を巧みにすり替え、日本軍の関与という印象操作をした。今回の共同ももしやそのパターンではないか——そんな疑念を抱きながら、共同が報じた第一次資料にあたることにした（以下、資料の掲載にあたっては歴史的仮名遣い・旧漢字を現代表記に改め、読みやすさを考慮している）。

小学生以下の読解力で配信

記事には「専門家は『軍と外務省が国家ぐるみで慰安婦を送りこんでいたことがはっきり分かる』と指摘する」としてコメントをさせているが、では、その専門家とは一体誰のことなのか。

公文書の全文を読めば、具体名を出せない理由も透けて見える。むしろ、全文を読んだうえで、このコメントを出したのだとしたら、この専門家は小学生以下の読解力の持ち主としか言いようがない。

共同が発見したという公文書は『社会問題諮問委員会関係一件』と書かれた厚さ五センチくらいのファイルに保存されており、一連の文書は、中国各地の領事館など（山海関、済南、張家口、芝罘、青島、北京、南京）から宇垣一成外務大臣に送られた報告書である。

共同が引用した公文書はその中で「支那渡航婦女の取締に関する件」（昭和十三年六月二十九日付）であり、大鷹正次郎青島総領事が宇垣外務大臣にあてたものだ。

まずは一節を紹介しよう。


「一方、当地海軍側は陸戦隊並びに第四艦隊乗組兵員数を考量し『芸酌婦合計百五十名位増加』を希望しており、陸軍側は兵員七十名に対し、一名位の酌婦を要する意向であるが、当地は警備軍の移動頻繁にして所要特殊婦女数の算定困難であるということだが、当業者等の希望を参酌し、今後更に芸妓四十名、酌婦五十名（内鮮妓十五名位、新規渡航を御許可くださっても差支えないものと思料できる」

何のことはない。やはりここでも酌婦の渡航を認めるにあたって〝当業者等の希望〟があったことが明記されている。つまり公文書を真摯《しんし》に読めば、文書は後に紹介するが、増加傾向にある渡航者に苦慮している外務省の様子と、その中に含まれる特殊婦女について、現地の警察は厳重に保護し、悪徳業者などを取り締まっていたことが窺える内容が記されていた。

また、公文書には様々な発見があった。昭和十三年二月二十三日、内務省警保局長から各庁府県長官宛に出されたものだが、簡単に要約すれば、こうなる。

「最近、支那各地において秩序の回復に伴い、渡航者が著しく増加している。料理店、飲食店、『カフェー』、または貸座敷類似の営業者と連係をして、これらの営業に従事することを目的とする婦女たちが少なからずいる」

「また内地において婦女の募集周旋をする人間の中には、まるで軍当局の了解あるかのような言辞を弄《ろう》する者も最近各地に頻出しつつある状況である」

「これら婦女の募集周旋等の取り締まりをして適正を欠かないようにするが、帝国の威信を傷つけ、皇軍の名誉を害するだけに止まらず、銃後国民、特に出征兵士遺家族に好ましくない影響を与えるとともに、婦女売買に関する国際条約の趣旨にも悖《もと》ることがないようにするのは難しい」

奇妙なことに、紹介した公文書の内容は、一連の報告書ファイルの最初に出てくるものであり、〝軍当局が慰安婦を容認していた〟などと、軍の権威を利用して騙し、女性たちを大陸の売春業に周旋していた業者の実態が浮かび上がる。

逆に言えば、日本政府は皇軍の名誉にかけて婦女周旋に関し、適正な取り締まりを要請していたことが窺える。

「醜業を目的として渡航する婦女その他一般風俗に関する営業に従事するのを目的として渡航する婦女の募集周旋等に際して、軍の了解またはこれと連絡あるような言辞、そのほか軍に影響を及ぼすような言辞を弄する者はすべて厳重にこれを取り締まること」

ところが、摩訶不思議なことに共同の記者はこういった記述をすべて黙殺し、分厚い資料の中からたった一行を抜き出し、衝撃的なタイトルを打って、配信したのだ。

公文書を読めば日本政府の意図は明白なのに

また、文書は、軍に群がって一儲けしようと企んだ当時の業者の悪辣ぶりを記録している。

「憲兵隊からの通報によれば、満二十一歳未満の婦女六名は、いずれも料理店星月楼で酌婦稼業に従事しているようである。これらは渡航後の職業を詐《いつわ》り、所轄警察署より身分証明書を得たものであると推定される。その通過地である当地において、内地官庁の身分証明書を携行している人を行先地で醜業に従事する疑いがあるとして、入国を拒否することは困難だから、内地官庁において証明書発給の際、特に行先地における稼業であることも考慮し（略）」（佐々木高・山海関副領事より、宇垣外務大臣あて／昭和十三年六月二十日付）

慰安婦といえば少女像に象徴されるように、韓国では十四歳、十五歳、十六歳が従事していたという証言が数多く存在する。

だが、公文書を読めば日本政府は二十一歳未満の女性を慰安婦にしないよう渡航も厳しくチェックしている。それでもおそらく女衒《ぜげん》のような業者らが少女の職業を偽って渡航させていたことが窺える。

ほかにも、こうある。

「本年一月、当館再開後、当地で特殊婦女、すなわち芸酌婦の数は皇軍の進出に伴い逓増《ていぞう》している。（支那）事変前はわずかに四十六名に過ぎなかったが、五月末現在、料理店業者四十八軒（内地人三十、朝鮮人十八）、芸酌婦四百三十八名（内地人芸妓百一、内地人酌婦百十、朝鮮人酌婦二百二十八）の多さになっている。これは営業者が皇軍の駐屯地を目指して蝟集《いしゅう》してくるからだ（略）」（有野学・済南総領事より、宇垣外務大臣あて／昭和十三年六月七日付）

要は、軍の移動を見越して、業者が女性たちを派遣し、その数が激増しそうだと記してある。

破格の給与をもらっていた

各駐屯地で激増する慰安婦の取り扱いに頭を悩ませた外務省と特務機関は身分証明書がある者に限り、期間を区切って百八十六名の慰安婦を軍用車に乗せ、南下させたが、徐州（戦闘区域）には入れさせず、その手前でとどまらせていた。

徐州攻略前に密かに南下していた婦女子は三百名もいたので、結果、軍隊と一緒に移動することを制限したことで、慰安婦の数は相当減るだろうと期待を寄せていた。

「当地における特殊婦女は、一月以来、内地より直接渡来する者の比率が極めて少なくなっている。流出防止策としては内地においては従来通りの取り締まりも必要である」とし、他の地域も「一層厳密なる監視を加える必要がある」と、業者によって内地から送り込まれてくる女性たちを厳しく監視し、その数を減らすために苦慮していた政府の姿勢が浮かび上がってくる。

また、軍隊の性病感染対策についても、公文書には明記されている。感染予防のため警察署から業者に対して厳重なる予防方法を実施させ、病気を持っている女性は休ませるか、入院治療を命じている。さらに「兵士の性病感染経路は支那婦女（中国人女性）よりうつされることが多い」ともある。

中国において酌婦という仕事は、単に飲食の場でお酒を斡旋する婦女のことを指すという。渡航後に売春を強いられることを知った女性たちは時すでに遅しで、不貞腐《ふてくさ》れたり、「淪落《りんらく》（どん底）の女となり、果ては中国人のオモチャとなる。邦人の体面を汚すにいたることも少なからずあると聞く」としている。

実際に、給料も破格だったようだ。

タイピストは五十円から百円、旅館飲食店の女中は六十円から百五十円であるが、芸酌婦は最高額が七百円と飛びぬけている。

中国・朝鮮人女性が業者に騙されながら、貧しさゆえか慰安婦になったのも、致し方ない面があったのかもしれない。

歴史捏造記事との戦いは終わらない

冒頭にも書いたが、共同の記事はロイター通信によって「『慰安婦』における政府の関与を明らかにする公文書」として世界中に配信された。

その中に共同とはまた違う問題記述があるので、紹介しよう。

「『慰安婦』とは、日本の軍の売春宿で売春を強制された少女と女性（多くは朝鮮人）を暗に指す表現である。この問題は何十年もの間、韓国と日本の関係を悩ませてきた」

さりげなく、慰安婦の多くは朝鮮人と書いているが、近現代史研究家の秦郁彦氏によれば、日本人慰安婦の割合は六割だったと指摘しているし、今回の公式文書でも私が見た限り、前述したように「料理店業者四十八軒（内地人三十、朝鮮人十八）、芸酌婦四百三十八名（内地人芸妓百一、内地人酌婦百十、朝鮮人酌婦二百二十八）」という数字も出ている（三者を足すと四百三十九になるが、公文書のまま引用）。

ここでは朝鮮人が若干多いが、それでも「多くは朝鮮人」などと安易に書けるものではない。しかもロイターの記事の嫌らしさは「大日本帝国軍側は兵員70名に対し1名位の酌婦を要する意向」というセンテンスを冒頭以外にも使用し、執拗な印象操作を試みていることだ。同じ内容を繰り返すなど、通常のニュース記事ではあり得ないが、これが浅はかなプロパガンダ記事のやり口なのだろうか。

さらに、韓国側から「日本軍性奴隷制問題解決のための正義記憶連帯」（挺対協を改称）の尹美香代表のこんなコメントを入れている。

「これは、日本政府が韓国人女性を性的奴隷化のために強制的に募集していた責任があることの明確な証拠です」

同じコメントを載せるのなら、せめて両論併記で、最近、慰安婦問題について一次資料をもとに冷静な研究をし「従軍慰安婦は売春業」と指摘し、『反日種族主義』の編著者である李栄薫教授にもコメントを求めるべきではなかろうか。

記事の終わりには「共同が慰安婦問題に関する公式文書を集めた時点で、内閣官房ですぐにコメントできる人は一人もいなかった」とある。一体、ロイターの記者が何人の役人に取材したのかは定かではないが、これが事実なら、すぐに対応しなかった日本政府は、ここまで世界に拡散されてしまった慰安婦問題の教訓から一体何を得てきたのだろうと思わずにはいられない。慰安婦問題は日本ではおおよその決着がついたという安堵感も漂っているが、国際社会においては現在進行形で熾烈な情報戦が展開されていることは、今回の共同、ロイターの情報ロンダリングを見ても一目瞭然だ。

たとえばロイター記事には「東京の竹中清とソウルのSangmi Cha」とあり、日韓記者合作の記事である。また、記事のコメントにも出てきた挺対協（韓国のみならず世界中に慰安婦像などを建ててきた韓国最大の元慰安婦支援団体）は、二〇一八年七月に団体名称を「日本軍性奴隷制問題解決のための正義記憶連帯」（正義連）に変えている。ただの正義連なら、外国人にとってもそれほどのインパクトはないが、"The Korean Council for the Women Drafted for Military Sexual Slavery by Japan"、直訳すれば「日本によって軍の性奴隷に徴用された女性のための韓国協議会」となる。

さらに、この団体は"The Korean Council for Justice and Remembrance for the Issues of Military Sexual Slavery by Japan"（日本軍性奴隷諸問題に対する正義と記憶の韓国協議会）と団体名を変更している。正式名称こそが歴史捏造《ねつぞう》に他ならないことを真っ先に日本政府が国際社会に向けて指摘しなければならないのに、よりにもよって日本発の記事にこの代表のコメントまで載せられて世界に配信されているのだから、目もあてられない。

慰安婦捏造記事との戦いは、隣国朝鮮半島相手ではなく、日本国内の足もとからメスを入れない限り終わることはないだろう。

第三部

アジアのホロコーストの主犯者は中ソではないか

第一章

映画「主戦場」に見る反日プロパガンダ映画の嘘

二〇一九年四月に公開された映画『主戦場』――。

朝日新聞の元記者である植村隆氏が激しく非難されているのを知り、慰安婦問題に興味を持ったという監督のミキ・デザキ氏。

映画は「慰安婦たちは『性奴隷』だったのか」「『強制連行』はあったのか」「なぜ慰安婦たちの証言はブレるのか」といった問題の核心について、対立している主張を反証させ合いながら、真の問題解決の糸口を探すという構成になっている――との触れ込みだった。

櫻井よしこ氏やケント・ギルバート氏など保守系の植村隆批判派の識者が出演しており、当初この映画は保守とリベラルの「両論併記」を謳っていた。

ところが、実際は「慰安婦強制連行・性奴隷説」を否定する保守派を叩くだけのための〝反日プロパガンダ映画〟であることが判明した。

当作品の監督であるミキ・デザキ氏は、保守派の論客たちを姑息な手法で騙し、インタビューをしていたのだ。

この問題について、私は山岡鉄秀氏と雑誌「ウイル」(二〇一九年八月号)で「善意の保守論客を騙した映画「主戦場」」という対談をした。それを踏まえつつ、簡潔にこの反日プロパガンダ映画を批評しておきたい。

私は、映画の配給会社である株式会社東風を通じて、監督のミキ・デザキ氏にメールで取材を申し込んだ。

「フリーのジャーナリストとして、映画『主戦場』の監督であるミキ・デザキ氏に取材をさせていただき、その内容を雑誌などに掲載したいと考えている」と希望の日時を提示して送ったところ、デザキ氏は多忙なので、メールでの質問にのみ答えるとの返事が来た。その二日後、山岡さんから質問内容に関してアドバイスをいただいたので、連名で質問事項を提示し、再度メールを送ったところ、断られてしまった。

せめても、と思い「取材の拒否は渡辺さん（メールの相手）の判断なのか、それともデザキ氏の判断なのか」と聞いたものの、それ以降、東風から返信がくることはなかった。

さすがに「これはおかしい」と思い、電話で「なぜ、お返事いただけないのか」「取材を受けていただけないのは、どちらの判断なのか」と聞いたものの、「それは一切言えません」の一点張り。

「では、雑誌などに掲載する際に、『取材拒否の理由に関して、東風はノーコメントだった』と載せてもよろしいですか」と聞くと、〈ガチャッ！〉と電話を叩き切られてしまった。それも二回も。

そこで、デザキ氏に直接話を聞きたかったので、六月三日に行われた彼の記者会見に参加した。幸い、会見場に入ることはできた。中国では、産経新聞の記者だけ取材を拒否されるなんてことはあるけれども、日本はまだそこまで「中国化」はしていない。日本にいてよかった？

しかし、記者会見の質疑応答で、デザキ氏に投げかけられた質問は、どれも彼を擁護するようなものばかりで、なんとか映画をバックアップしようとしていたのがミエミエだった。

たとえば、以前、『ニューズウィーク』で取材をしたという記者は「この会見に対しても、三十日に会見をされた方々（保守派として映画にも出演している藤岡信勝氏、山本優美子氏、藤木俊一氏）が反論してくる可能性があるとして……」と質問していたし、IWJ（INDEPENDENT WEB JOURNAL）の記者は「私も映画を観て、保守論客が伸び伸びと差別発言や中国、韓国に対する悪口を述べていたことに驚きました」などと発言していた。

ちなみに、私は、五月三十日に行われた『主戦場』の上映差し止めを訴えた藤岡信勝さんたちの記者会見にも参加していた。このときは、報道陣側の最前列を朝日新聞、毎日新聞、共同通信、しんぶん赤旗など左派メディアの記者たちが陣取っており、なんとか揚げ足をとってやろうといわんばかりだった。この記者会見場での雰囲気の違いは、日本のメディアの現状を表していたといっても過言ではないだろう。
要は、どちらの会見も『主戦場』を擁護したい左派メディアの記者たちが多数派だったのだ。むしろ、右派系のほうが、オープンスタイルだったともいえよう。

道義的な罪

デザキ氏は、保守派論客に対して、こんなメールを出して取材を依頼していた。

「慰安婦問題をリサーチするにつれ、欧米で読むリベラルの情報よりも、問題は複雑であることが分かりました。慰安婦の強制に関する証拠が欠落していることや、慰安婦の状況が一部の活動家や専門家が主張するほど悪くはなかったことを知りました。私は欧米メディアの情報を信じていたと認めざるを得ませんが、現在は疑問を抱いています。(中略)

大学院生として、私にはインタビューさせていただく方々を尊敬と公平さをもって紹介する倫理的義務があります。
また、これは学術的研究でもあるため、一定の学術的基準と許容点を満たさなければならず、偏ったジャーナリズム的なものになることはありません」

このメールを見る限りでは、受け取った側は、この人は、礼儀正しく、真面目で、素晴らしい志を持った学生に思えるだろう。だからこそ、櫻井さんなどが取材に応じたのだ。

ところが、フタをあけてみたら、保守派の人の善意につけ込んだ悪質な制作手法のプロパガンダ映画でしかなかった。騙されたと思うのは当然だ。

なにしろ、映画が始まるやいなや、冒頭から保守派論客は「歴史修正主義者」(リヴィジョニスト)であると表示され続けるのだから。これで、この映画がどのような方向へ向かうのか、すぐに予想できる。

デザキ氏は会見の中でも〝歴史修正主義者〟〝慰安婦に関する世界的なコンセンサス〟という言葉を何度か使っていたのが気になったので、最後に私は彼にこんな質問をした。

「慰安婦に関して〝世界的なコンセンサス〟はいまだ固まっていないと思いますが、デザキさんの考える〝世界的なコンセンサス〟の定義を教えてください」と。

するを彼は「世界が考えている慰安婦問題は私の理解においては、彼女たちは性奴隷であったこと、二十万人であったこと、そして強制連行された人たちであったこと。（中略）この映画を通して、いわゆる『歴史修正主義者』たちの考え方、（慰安婦性奴隷説を）否定、証明している論点について、もう少し〝反省〟する余地があるのではないか、違うのではないかと私は考えています。（中略）『歴史修正主義者』という呼称なのですが、彼らが慰安婦は性奴隷ではなかった、強制連行されたのではなかったと訴えているために、歴史修正主義者と名指ししている（後略）」と回答した。

そういう思い込みから作ったのだとしたら、なんのために保守派論客にまでインタビューをしてドキュメンタリー映画をつくったのかという話になるだろう。その底意は……。もし世界的なコンセンサスが出来上がっていて、学術的な検証もされているのであれば、このような映画をつくる必要がないはずだ。

欺瞞だらけの手法

要するに、彼は、植村隆元朝日記者が叩かれていることに対して反論するためにプロパガンダ映画を作ろうと考えたのではないか。そもそも、彼は、ご自身のユーチューブチャンネルで「Racism in Japan 日本では人種差別がありますか?」という動画を二本に分けて投稿していた。その内容は、日本の部落問題などを扱っているが、教科書裁判で文部省に抵抗しつづけた左翼歴史家の「〝家永三郎〟にこのビデオを捧げたい」と表示もしている。家永氏といえば吉田清治氏の「証言」を評価した歴史家でもある。両者にはある種のつながりがあったともいえる。

ともあれ、会見での彼の発言をよく聞くと、他にも矛盾点があることに私は気付いた。

たとえば、「慰安婦論争に加担している保守派の人たちの中に活動家はいるが、アカデミックな学者は存在しない」というような趣旨の発言もしていた。では、果たして正義連（日本軍性奴隷制問題解決のための正義記憶連帯）や、wam（女たちの戦争と平和資料館）には学術的な権威があるのか。

この点、映画では、左派の歴史学者として、吉見義明氏や林博史氏を登場させていたのだから、同様に、保守派で現代朝鮮研究者の西岡力氏や秦郁彦氏も呼ぶべきだったのに、そういうことはしていない（秦氏には出演を断られたようだが）。保守派にアカデミズムがいないのではなく、「いるのに声もかけなかった」。にもかかわらず、映画でそういう偏向的な制作をしておきながら、右派系は学術的色彩に乏しいと印象づけるのは欺瞞でしかあるまい。

政治利用のあくどさ

山岡氏が対談でも指摘していたが、この映画で一番許せないのは、不幸な境遇にあった女性を政治的に利用しているということだ。映画の最後に元慰安婦の金学順氏が登場し、涙を流すシーンがある。このシーンを見せて「日本人は反省しろ」とこの映画は訴えているわけだが、山岡氏が指摘していたとおり、彼女は母親に妓生に売られたわけで、そういう人身売買は、当時は朝鮮半島に限らず、日本の東北地方などでも起こっていた。もちろん、それ自体は、当然ながら人権侵害ではあり、金学順さんの境遇には心から同情するしかないが、それと強制連行云々とは別次元の問題だろう。

同じような境遇で、日本人女性の城田すず子さん（一九二一―九三年）という方がいる。彼女の自叙伝『マリヤの賛歌』（かにた出版部）を読むと当時の状況が理解できる。母親の死去によって、家業が行き詰まり、神楽坂の置屋に父親に売られてしまう。それは父親の多額の借金のカタだった。やがて彼女は娼婦になってしまうのだが、そういう苦海に生きた女性は、当時は内外に多くいた。ただ、城田さんは別に海軍兵士と熱烈な恋をしたり、結婚をしたりと「性奴隷」などではなかったにもかかわらず、反日団体は城田さんの写真の下に「私は彼らの奴隷だった」というフレーズを入れて、あたかも彼女が強制連行の被害者であったかのようにアメリカで展示していた。

山岡氏は「ウイル」の対談でこう述べていた。

〈それが反日勢力の本質です。もともと、慰安婦制度が存在しただけでは問題にならなかったので、吉田清治という詐話師を使って、軍隊による強制連行という虚妄をつくり出しました。慰安婦制度が軍隊による強制連行を前提としたものだったら大問題ですが、そのような前提はありませんでした。特に朝鮮半島ではあり得なかった。強制連行があれば、それは当時でも犯罪です。吉見氏は「そもそも、公娼制度自体が奴隷制度だった。軍隊が管理していた慰安婦は、『性奴隷』と呼ぶのがふさわしい」と言っている。

しかし、そこまで言うのであれば、韓国人であろうとなかろうと、軍管理であろうとなかろうと、当時の遊郭からなにからすべてが「奴隷制度」ということになります。日本人もその被害者だったわけです。

ですがそこを隠して、あたかも韓国人女性だけが日本帝国主義の被害者であるかのように切り取って政治利用している。本当に女性の権利や、弱い立場の女性のことを考えていたら、こんなことできません〉

最近では、中国で脱北者の女性数千人が性奴隷にされているという調査レポートが、英国の民間団体「コリア・フューチャー・イニシアティブ（ＫＦＩ）」から出されている。こういう現在進行形の人権弾圧、性奴隷化の推進を無視して、七十年以上昔のことを針小棒大に持ち出し、その時代を生きた女性たちを政治カードとして利用する。本当に酷い話というしかない。

慰安婦問題を語るのであれば、日本人慰安婦が六割もいたことをきちんと提示するべきだろう。それを韓国人女性だけを取り上げて、「俺たちは正義の側に立ってるんだ」という態度は本当に悪辣で偽善としかいうほかない。

映画がもたらしたもの

山岡氏はこうも指摘している。

〈この映画が唯一もたらしたものは、「不信」と「対立」を決定的にしてしまったということです。

今回の一件で、どこかで歩み寄るとか、和解点を見出すといったことが完全に不可能になってしまった。保守派はもう誰に頼まれたって取材を受けませんよ。そういう意味でも、この映画は極めて破壊的で悪質な映画と言えるでしょう〉

同感だ。こういう悪質なトリックによって、両者が歩み寄ることができなくなったのは、双方にとって痛手だろう。デザキ監督は次作として、植村隆氏を題材にした映画を製作しているという。それがどんな内容かは知らないが、もちろん植村氏の家族への脅迫など言語道断だが、植村氏は櫻井よしこさんや文春やワックを訴えるなどスラップ訴訟ではなく、新聞記者であるなら、きちんと言論には言論で応戦すべきだった。もちろん植村氏を取り上げるなら、その映画では、韓国の義理母と植村氏の記事との関係性をクリアにしていただきたい。

植村氏の義母・梁順任氏は、韓国の太平洋戦争犠牲者遺族会会長だった。「対日民間請求権訴訟団」を結成して会員を集め、約十五億ウォン（約一億五千万円）をだまし取った罪で起訴されたが、反日活動の功労者ということで無罪放免になっている。慰安婦問題は人権問題の裏で巨額のお金が動いた案件だということも付け加えていただきたい。

最後になったが、私が、株式会社東風（渡辺氏）へ送った質問状は以下の通りだ。

1．あなたの大学院の指導教官のお名前をご教示下さい。中野晃一さんですか？
2．日本会議と安倍政権が明治憲法の復活を目指しているというのは完全な虚偽で、日本会議本体に取材していないことがわかっています。撤回して謝罪し、その部分を映画からカットする意思はありますか？　もし無ければその理由を教えてください。
3．映画に登場した保守の方たちは「最初に取材を申し込んできたメールの趣旨とできあがったものがまったく違う。せっかく無償で取材協力したのに、リビジョニストなどと烙印を押し、初めから結論ありきの映画制作だったのではないか。我々は騙された」と批判しています。こういった批判に対してどう思われますか？

4. 韓国の朴裕河先生は映画出演を承諾されたのでしょうか？
5. あなたは主戦場が事態を向上させるとお考えですか？　それとも対立を激化させるとお考えですか？
6. あなたはintervieweesの人選が公正かつsufficient（十分）だとお考えですか？
7. あなたの差別告発動画が非難されたそうですが、日本の教員免許を持たない語学教師の立場で社会的な問題を取り上げて生徒を巻き込むことが適切だとお考えですか？

ちなみに質問状に名前の出てくる中野晃一氏は上智大学教授だ。彼の著作『右傾化する日本政治』（岩波新書）によると、現在の日本政治経済体制は、右傾化、歴史修正主義、新自由主義に向かっているとのこと。安倍首相などを「歴史修正主義者」と決めつけて議論を展開している。デザキ氏の指導教官が中野氏だったとすれば、なるほど、と思うしかない。

第二章　性奴隷にされた日本人女性たち

封印された日本婦女子の悲劇

　十数年ほど前、私は埼玉県大宮市の墓地「青葉園」に立つ青葉地蔵尊で行われた供《く》養《よう》に参加した。拙著『強欲チャンプル　沖縄集団自決の真実』（飛鳥新社）に詳しいが、集団自決の真相について取材を進める中、戦時中、渡嘉敷島に赴任していた皆本義博元中尉から「沖縄の集団自決は決して軍命令ではなく、人間としての尊厳《そんげん》を守るため、ある意味自発的なものでした。あの不幸な時代、集団自決は沖縄だけの現象ではなく、ソ連軍の侵略をうけた満洲や朝鮮半島、そして樺太でも起こったものなのです。来週、満洲で自決という非業《ひごう》の死を遂げた従軍看護婦二十二人の供養があるから取材に来ませんか？」とお声掛けいただいたのがきっかけだった。

恥ずかしながら、皆本氏からそのことを聞くまでソ連軍の蛮行といえばせいぜいシベリア抑留程度だったので、あらためて青葉地蔵尊の由来を調べながら震え上がった。

〈昭和二十一年六月二十日の満洲・新京（長春）。旧ソ連軍に留め置かれ、長春第八病院で働いていた松岡喜身子さん（七七）ら二十数人の従軍看護婦は、絶望のどん底にいた。

その夜、ソ連軍の要請で軍の救護所へ仲間六人と〝応援〟に行っていた大島はなえ看護婦（二二）が、十一発もの銃創を受けながら一人逃げ帰り、救護所の実態を伝えて息を引き取った。「日本人看護婦の仕事はソ連将校の慰安婦。もう人を送ってはいけません」

大島さんの血みどろの姿に、喜身子さんはぼうぜんとし、涙も出なかった。「ロシア人は日本人を人間とすら扱わないのか……」。だが、悪夢はその翌朝も待っていた。

二十一日月曜日午前九時すぎ、病院の門をくぐった喜身子さんは、病院の人事課長、張宇孝さんに日本語でしかられた。「患者は来ているのに、看護婦は一人も来ない。婦長のしつけが悪い」

「そんなはずはありません。見てきます」胸騒ぎがして、看護婦の大部屋がある三階に駆け上がった。ドアをノックしても返事はない。中へ飛び込むと、たたきには靴がきちんとそろえてあった。線香が霧のように漂う暗い部屋に、二十二人の看護婦が二列に並んで横たわっていた。（略）「死んでいる……」。満州赤十字の看護婦は終戦時、軍医から致死量の青酸カリをもらい、制帽のリボン裏に隠し持っていた。机上には、二十二人連名の遺書が残されていた。〈私たちは敗れたりとはいえ、かつての敵国人に犯されるよりは死を選びます〉（産経新聞　平成七年六月二十九日）

悲劇は朝鮮半島にも及んだ。『高松宮日記』にもこう書かれている。

「北鮮ニ侵入セル『ソ』兵ハ白昼街道ニテ通行中ノ婦女ヲ犯ス。汽車ノ通ラヌタメ歩イテ来ル途中、一日数度強姦セラル。二人ノ娘ヲ伴フ老婦人ハカクシテ上娘ハ妊娠、下ノ娘ハ性病ニ罹《かか》ル。元山カ清津ニテハ慰安婦ヲ提供ヲ強ヒラレ人数不足セルヲ籤引《くじびき》ニテ決メタリ、日本婦人ノ全部ハ強姦セラル。強要セラレ自殺セルモノ少カラズ」（『高松宮日記　第八巻　昭和二十年十月二十三日』中央公論社）

こうして満洲、朝鮮半島から心身ともに傷を負った日本人女性が駆け込んだ先の一つが福岡の二日市保養所だった。いまは当時の悲劇を鎮魂《ちんこん》するための水子《みずこ》供養地蔵を中心とした二日市保養所跡があり、跡地建立趣旨にはこうある。

「昭和二十一・二年の頃　博多港には毎日のように満州からの引揚船が入っていた。其の中に不幸にしてソ連兵に犯されて妊娠している婦女子の多い事を知った旧京城帝国大学医学部関係の医師達は、これら女性を此処—旧陸軍病院二日市保養所—に連れてきて善処した。（略）児島敬三」

暴力で身を傷つけられた婦女子

父親もわからぬ青い目をした異国の赤ん坊を産んで育てることもできず、上陸寸前に博多湾に身投げした女性もいたという。そこで不遇な女性の自殺を防ぐため、引き揚げ船には医師も同乗し、傷を負った女性たちに、〝上陸したら二日市で手術できますから心配しなさんな〟と声をかけてまわっていたのだ。当時、堕胎《だたい》が禁じられていた日本で、超法規的措置として秘密裏に引揚女性の堕胎が認められたという。とはいえ、終戦直後の物資不足で麻酔すらない状態での手術だった。

この悲劇を裏付けるため、引き揚げ船内で配られた一枚の呼びかけ文を紹介する。

「不幸なるご婦人方へ至急御注意‼　皆さんここまで御引揚になれば、この船は懐かしき母国の船でありますから先づご安心下さい。さて、今日まで数々の厭な想い出も御ありでせうが茲《ここ》で一度顧みられて、万一これまでに『生きんが為に』『故国へ還らんが為に』心ならずも不法な暴力と脅迫に依り身を傷つけられたり、またはその為身体に異常を感じつつある方には再生の祖国日本上陸の後、速やかにその憂鬱に終止符を打ち、希望の出を建てられる為に乗船の船医へこれまでの経緯を内密に忌憚なく打ち開けられて相談してください。

本会はかかる不幸なる方々のために船医を乗船させ、上陸後は知己にも故郷へも知れないやうに博多の近く二日市の武蔵温泉に設備した診療所へ収容し健全なる身體として故郷へご送還するやうにしておりますから、臆せず、惧《おそ》れず、ご心配なくただちに船医の許《もと》まで御申し出ください。財団法人　在外同胞援護　救療部派遣船医」

千田夏光《せんだかこう》氏が書いた『皇后の股肱《ここう》』の中に〝二日市・堕胎医病院〟という章があり、当時の様子がよく描写されている。妊娠六カ月、七カ月の中絶手術は母体へのダメージも大きく、手術後命を落とした女性もいた。中には泣き声をあげる胎児もいて、その声を聞くと母性が目覚めかねないので医師たちの手で胎児の息をひきとらせている。昭和二十三年に閉鎖されるまで約九百名もの女性が門をくぐり、手術を受けた女性は四百六十二名、うち十名が命を落としているというのだ。

二日市保養所跡に慰霊碑を児島敬三氏が建立したきっかけも、上述した千田夏光氏のルポを読んで衝撃を受けたからだという。貴重なルポルタージュだと思うが、南京については東京裁判史観そのもので、臼井勝美電気通信大学教授の『日中戦争』などを孫引きしながら『日本軍の通過した後に処女なしと言われる』などといった針小棒

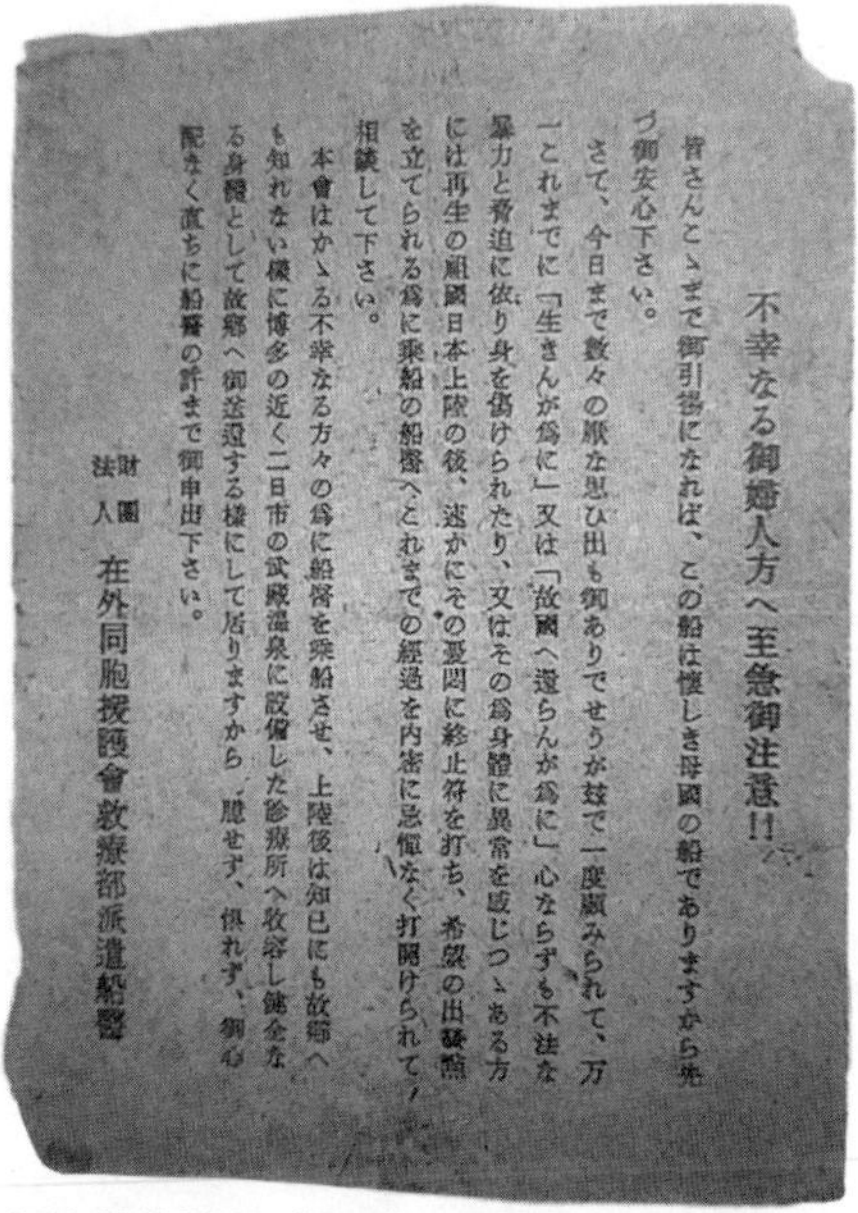

不幸なる御婦人方へ至急御注意!!

皆さんこゝまで御引揚になれば、この船は懐しき母國の船でありますから先づ御安心下さい。

さて、今日まで數々の厭な思ひ出も御ありでせうが玆で一度顧みられて、万一これまでに「生きんが爲に」又は「故國へ還らんが爲に」心ならずも不法な暴力と脅迫に依り身を傷けられたり、又はその爲身體に異常を感じつゝある方には再生の祖國日本上陸の後、速かにその憂悶に終止符を打ち、希望の出發點を立てられる爲に乘船の船醫へとれまでの經過を内密に忌憚なく打開けられて相談して下さい。

本會はかゝる不幸なる方々の爲に船醫を乘船させ、上陸後は知己にも故郷へも知れない樣に博多の近く二日市の武藏溫泉に設備した診療所へ收容し健全なる身體として故郷へ御送還する樣にして居りますから、隱せず、懼れず、御心配なく直ちに船醫の許まで御申出下さい。

財團法人　在外同胞援護會救療部派遣船醫

超法規的措置（堕胎）を呼びかけた一文

大な証言をサラリと織り込んでいるところに千田氏の視点が伺える。又、従軍慰安婦に関して千田氏は麻生徹男軍医を慰安所発案の責任者であるとほのめかすように描いている。その件に関して私は麻生軍医の娘である天児都氏に福岡で取材し、千田氏が天児氏に謝罪した話や彼女に宛てた手紙なども見せても

らったことがある。彼女は「千田氏の不正確な執筆や検証もない孫引きによって書かれた本がジョージ・ヒックスなどによって引用され、さらにクマラスワミ報告に採用され、国際社会に慰安婦問題が歪んだかたちで広まってしまった」と怒りを隠さなかった。

ともあれ二日市保養所について調べてゆくうち、意外なことに気付かされた。保養所に駆け込んだ女性達への加害者の大半はソ連兵だと思っていたのだが、なんと朝鮮人の方が多かったというのだ。

「二日市保養所の医務主任だった橋爪将の報告書によると、施設の開設から二カ月間で強姦被害者の加害男性の国籍内訳は、朝鮮二十八人、ソ連八人、支那六人、米国三人、台湾・フィリピンが各一人だった。一九四七年の施設閉鎖までに五百件の堕胎手術をおこなった」(『戦後五十年引き揚げを思う』)

また終戦直後、朝鮮北部の興南にいた鎌田正二氏はこんな証言をしている。

「ソ連兵や朝鮮保安隊の掠奪と横暴は、残酷をきわめた。夜なかに雨戸を蹴やぶって侵入してきたソ連兵は、十七になる娘を父親からひったくるように連行。娘は明け方になり無残な姿で、涙もかれはてて幽鬼のごとく帰ってきたという。みなソ連兵を朝鮮人が案内したのだった」(『潮』一九七一年八月号)

日本が敗戦国となったと同時に、一部の朝鮮人は手のひらを返すように残忍な加害者と化して日本人に危害を加えたのだ。余談になるが〝慰安婦強制連行〟について朝日新聞ですら虚偽と認めた吉田清治氏は福岡県出身で、戦後は山口県下関や門司港を拠点に活動をしていた。吉田氏は労務報国会で朝鮮人狩りをしていたのではなく、日雇い労務者の仕事の振り分けをしていたに過ぎない。引揚船の割合は福岡の博多港と長崎の佐世保が最多で、門司港は使用されず近くの仙崎港が使用されていたが、いずれにせよ北九州に押し寄せてきた引揚者の悲劇は吉田氏も聞き知っていた筈だ。にも関わらず〝私が朝鮮人女性を強制連行して慰安婦にした〟などという創作話を、一体どんな心境で吹聴《ふいちょう》していたのだろう。

二〇一五年十二月の慰安婦問題での日韓合意後、韓国人慰安婦の中には日本からの見舞金を二重取りした女性もいる。アジア女性基金から約五百万、和解金約一千万、合計一千五百万もの大金だ。片や近現代史家・秦郁彦氏の推計によると従軍慰安婦の約六割をしめていた日本人慰安婦には何の補償もされていない。ちなみに朝鮮人慰安婦は約二割。つまり慰安婦問題の本質とは、女性の人権問題ではなく、外交問題に発展させて〝戦後補償産業〟の恩恵に預かろうとした活動家たちが、吉田清治や韓国人慰安婦などを利用したということにつきるのではなかろうか？　こうした倒錯した歴史の捏造《ねつぞう》の罪深さの陰で、日本人婦女子の受難は封印されてきたのだ。

日本婦女子の悲劇の痕跡《こんせき》は北方の地・樺太にも刻まれていた。一九四五年戦争末期の八月八日、ソ連は日ソ中立条約を破棄して対日宣戦。翌九日、突然ソ満国境線を破り日本軍への攻撃を開始した。その最たるものはソ連軍が迫る中、九人の電話交換手だった女性が集団自決した真岡《まおか》事件が有名だ。

大本営は一九四四年三月「決戦非常措置要綱」を発令し、電信電話部門に関しても徹底的な強化推進の方針を打ち出していた。真岡郵便局でも非常体制が取られ、残留の募集に応じた二十一人の交換手が交代で二十四時間業務にあたっていたという。八月二十日、真岡沖に現れたソ連艦が艦砲射撃を開始し、真岡の町は戦火に包まれた。その直後、九人が青酸カリを飲んで集団自決を果たしたのだ。彼女たちは、生きたままソ連兵に見つかったら、どのような陵辱《りょうじょく》を受けるかわかっていたのであろう。

私が彼女たちの苦渋の選択が、決して妄想に起因するものなどではなかったことを確信したのは、終戦直後、満洲から朝鮮半島経由で引き揚げてきた開勇《ひらきいさむ》氏の壮絶な証言を聞いたからだ。

皇軍兵士が見たソ連軍の蛮行

「東は虎頭　北黒河　興安嶺の峰越えて　襲ひきたれしソ連軍　げに恐ろしやその姿
鉄輪迫る修羅の途　避難する身に襲ひきて　縦横無尽に踏みにじり　悲惨の極みに
血は流る　聞くも語るも血の涙　屍は積りて　山を築き　血汐は流れて川をなす　修
羅の巷《ちまた》か　地獄谷（略）我をあざむき襲ひくる　ソ連の蛮行　許すまじ　恨みつくさ

ん時くるや　恨み返さん　時くるや」（日本人避難民悲歌）

この歌は元陸軍憲兵伍長の故開勇氏からいただいた資料の中にあったものだ。

初めて開氏を知ったのは、〝靖國神社に参拝中の元日本軍兵士（開勇）が中国人の暴漢に襲われる〟といったニュースがきっかけだった。

二〇〇八年、開氏が靖國神社を訪れた際、突如中国人の暴漢に襲われ、持っていた日の丸を奪われ、国旗を足で踏まれた上に竿を折られたという。開氏は自らの命を顧みず、奪われた国旗を取り戻すために中国人に歯向かった。何故ならその日の丸には鬼籍《きせき》に入った戦友たちの名前が記されていたからだ。

日本の老人に対する中国人の暴挙は産経新聞やチャンネル桜などで報道された程度で、中国に抗議した政治家もおらず、うやむやになってしまった。この事件後、私は開氏の戦友たちへの想いや彼が体験した戦争を記録せねばと思い、彼の元を訪ねた。横浜の自宅の部屋には天皇皇后両陛下の写真が飾られ、居住いも正しく、矍鑠《かくしゃく》たる様は、さすが元皇軍兵士と思わせるに十分だった。

開氏は大正十五年、富山県生まれ。昭和十九年に陸軍憲兵学校を卒業し、その年の十二月に北朝鮮の羅南地区・清津の憲兵分隊に赴任している。

悲劇が始まったのは翌年、昭和二十年八月九日、ソ連軍侵攻により、南方に主力兵を取られていた慶興分隊、清津守備隊は瞬く間に全滅。北朝鮮では天皇の玉音放送がなされた十五日以降もソ連軍の爆撃が続き、日本軍が正式に武装解除したのは、その数日後で、開氏が語る地獄絵図は、その混乱の中で生じていたのだ。しかし、ソ連の正規軍がやってきても、北朝鮮にいる日本人の受難が終わったわけではない。

ケダモノ以下の囚人ロシア兵

「敗戦と同時に北朝鮮に南下してきたロシア兵（ソ連軍）はケダモノ以下でした。当時、日本人は民間人も含め、我々兵士と共に、家を朝鮮人に奪われて、学校や工場などで避難民生活をしていたのですが、ロシア兵は〝ヤポンスキー・マダム・ダワイ（日本女性はいるか？）〟と、若い女性を捜し回り、見つければ、その場に押し倒し、集団強姦です。しかも物陰でなどという配慮など一切ありません。当然、目の前で娘や妻が犯されるのですから、父親や夫は止めに入ります。そうした場合、即、射殺です。我々兵士も武器を取り上げられており、如何ともしがたく、それはもう地獄絵図でした。だから、顔に泥をなすりつけ、頭を丸刈りにする日本女性もいましたが、奴らの目から逃れるのは難しかったようです。

この先遣隊は、殺人犯や強盗犯で編成されたいわゆる〝囚人部隊〟だったようで、その後、正規軍が入ってきて、状況は少し改善されました。日本軍もロシア兵も同様ですが、正規軍は厳しい軍律がありますから、民間人に不法な事をしたら軍法会議にかけられ極刑です。だから、人前で強姦するような乱暴なことはしません。とにかく囚人兵レベルの低さといったら……。人相は凶悪そのもの、やることなすこと人間ではないのです。なにしろ日本人の前でズボンをおろして平気な顔で排泄するのですからあきれるばかりです。正規軍のロシア兵は〝あいつらは、死ぬ運命にあった死刑囚もたくさんいる。ここまで生きられただけもうけものだ〟と吐き捨てるように言いました。まあそれでも、正規軍がきてからは、目にあまる強姦や殺戮《さつりく》が減り、我々日本人が少しは助かったのも事実です……」

元憲兵伍長・開勇氏は、そこまで一気に語り、大きく息をついた。満洲や朝鮮半島にいた多くの日本兵がソ連に捕えられシベリア抑留となったが、開氏はアルチョム収容所から南の古茂山収容所に送られるため五百キロ歩かされている時に、ソ連軍警備兵の目をかいくぐって必死の脱走を試みて成功したのだが、南下する際、朝鮮人の保安隊に、日本軍の敗残兵と見破られ、再びソ連軍に引き渡されてしまった。下着に所属部隊と名前が書かれていた（戦死した際の認識票代わりに日本兵は皆そうしていた）のが致命的だった。ちなみに当時の北朝鮮では、人民保安隊だの特別警備隊と名乗る朝鮮人武装自警団が跋扈《ばっこ》し、街道に関所のようなものを設け、日本人避難民から通行料だといっては金目のものを強奪したり、日本兵を一人当たり約五十円でソ連軍に売り飛ばしたという。

「私は三百人の日本兵とともに、再びソ連兵に連行されることになったのですが、その道中でのことです。山道を芋虫のように地べたを這いながらこちらに進んでくる奇妙な人間の姿を目にしました。近付いてみると、両手と膝に草履《ぞうり》をひざにも草履をくくりつけ、四つん這いになってそろりそろりと歩む老婆でした。〝おばあさん、どうしたのですか？〟と問うと、〝息子夫婦は先に逃げたのですが、匿《かくま》ってもらっていた朝鮮人に家を追い出され、私一人、南鮮へ行くところです。腰が悪いので、こうして進むしかありません〟と言います。さすがに我々は絶句しました。助けてやりたくても、連行される身の我々にはどうしてやることもできません。堪り兼ねた兵隊の一人が〝親を捨てて逃げるだなんて〟と呟くと、〝息子夫婦には私が頼んで逃げてもらったのです。無事に内地に帰ってくれればいいんです。恨んでなんかいません。戦争に負けたのですから〟と言い残し、やがて老婆は見下ろす私たちを後に、南に向かって、そろりそろりと這って行き、私たちも無言のまま北へ歩き出しました。しばらくして思わず後ろを振り返ると、黒い豆粒のようになった老婆が、峠の向こうに消えてゆくのが見えました。涙なんて出ませんが〝戦争に負けるとは！　心も死ぬことなのだ！〟とつくづく思い、足だけでなく心までずっしりと重くなりました」

平壌で三百体の死体処理

開氏は、北へ向かう行軍の最中、再び脱走を試み、成功。運よく平壌まで逃れた。

「平壌には下平避難民団（関東軍野戦貨物部及び、その指揮部隊家族約八百名）と、横内清津避難民団（下平方面在住者の約二百八十名）の二つの避難民集団がありました。私は清津避難民団に紛れ込みました。

しかし、ここでも十月下旬になると船橋里警察署から〝十七歳以上の日本男子はただちに出頭せよ〞と通達がありました。ソ連軍に引き渡され、シベリア送りになるのは当然予測されましたが、男達は皆観念して、警察署に出頭しました。そうしなければ老人や女子供に迷惑がかかるからです。私も〝今度こそシベリア送りだ〞と覚悟しました。ところが日が暮れ始めた頃〝今日は帰っていい。後日の呼び出しまで待機せよ〞といわれ、拍子ぬけしたものです。どうやら、船橋里警察署の署長の奥さんが日本女性で、裏からなんらかの工作をしてくれたようです。あの戦争を生き延びた者は、皆、そうした僥倖《ぎようこう》に恵まれた者だけです。

それはともかく、冬の訪れとともに、バタバタと避難民達が死に始めました。劣悪な環境下で栄養失調、腸チフス、アメーバー赤痢、マラリアが蔓延し始めたのです。私は平壌日本人会東平壌支部奉仕葬儀班に参加し、毎日のように死体を大八車に乗せ、十キロ程離れた瀧山共同墓地へと運びました。冬場は雪で轍《わだち》が凍結し、道がでこぼこなので、遺体が踊りだします。何しろ遺体をくくりつける紐すら入手困難だったのです。でもそれはまだましでした。春が来て夏が近くなると、遺体の腐乱が速くなり、荷台が揺れるたびにチャポン、チャポンと体液が飛び散り顔や体にかかります。そしてどこからともなく、銀バエがやってきて、我々の周囲を飛び回って離れません。朝鮮人に〝日本人、臭いぞ！　あっちいけ〟と罵られ、石まで投げつけられました。こうした毎日を繰り返していると、人間は少々のことでは動じなくなります。

しかし、そんな私でも脳裏に焼き付いて離れない遺体がありました。あれはたしか女性の遺体でしたが、死体置き場に行くと、顔全体が筋肉体操でもしているかのように、グリグリと激しく動いているのです。よく見ると、目・耳・鼻・口、穴という穴に巨大な蛆《うじ》が蠢《うごめ》いており、その蛆が皮膚の下の腐肉を食い荒らしていたのです。それでも、四人の仲間と手足を持って、掛声もろとも遺体を大八車に引き揚げようとしました。その瞬間です。だわだわだわわと尻の穴から赤黒い得体の知れない体液とともに腐った内臓やウジ虫、回虫が滝のように流れ出し、その臭いといったら半端でなく本当に卒倒しそうになりました。

当然、私もアメーバー赤痢にかかってしまいました。そうはいっても休むことはできません。なにしろ避難所の状況は日に日に悪化してゆきます。死んだ赤ん坊を三日間も抱き続け放心状態の母親、〝うどん、うどんはいらんかね～〟と、自らの口から吐いた回虫を洗面器にいれて徘徊する気が触れてしまった青年。毎日のように人が死んでゆく光景が日常風景となり心も動かなくなってゆくのです」

三百体ほど遺体処理をした頃、疲労困憊した開氏の様子を見かねた先輩が、ソ連軍将校の集会場となった桜町ホテルを紹介してくれ、そこの住み込みボイラー焚きとなって精神の小康を得たという。

「とはいえ、そこも大変なところでした。日本人の避難民が毎日やってきて、残飯漁りをするのです。もっとも私自身もボイラー焚きの傍ら、肉や魚の骨を誰よりもはやく漁《あさ》ってしゃぶりついていたのですから浅ましいものです。その頃のことです。ソ連兵の将校に〝日本人女性の家政婦を紹介してくれないか？〟と頼まれました。〝朝鮮人はダメだ。来るたびに必ず、何かが無くなる。それも、砂糖一杯とか、じゃがいも一個とかだが、盗まれていると思うと家の中でくつろぐことができない。その点、日本人女性はどんなに貧しくとも、盗むことは決してしない〟。その言葉を聞き、私は〝戦争に負け、こんな悲惨な状況になっても、日本女性は凛《りん》として生きているんだ〟と嬉しくなり、何故か故郷の老いた母に無性に会いたくなり、決死の覚悟で釜山を目指しました。どうにか三十八度線にたどりつくと、そこに待ち構えていたソ連兵に、わずかに隠し持っていた時計や地図など、それこそ身ぐるみはがされました。北と西のわずか三、四キロですが、方角もわからず、三日三晩山中を彷徨《さまよ》いました。至るところに死体が転がり、死臭が蔓延していたのを覚えています。

そして精も根も尽き果てた頃、誰かが〝南だ！　漢城（現ソウル）の灯がみえるぞ！〟と叫びました。ふらつく足で小高い丘に登ると、確かに眼下遥かに街の灯が広がっていました。〝助かった！　俺達は助かったんだぞ〟避難民達は皆、感極まって泣きました。山を降り、米軍基地の天幕村にはいって、私たちはようやく人間の世界に生還できたのです。釜山から船に乗って博多に復員したのは昭和二十一年九月三日。故郷に帰ると痩せ衰え、死に神のようになった私を抱きしめて、母はさめざめと泣きました。私も泣きました。あの時、再び母にあえてどんなにうれしかったことか、私には生涯忘れられません」

日本人よ、沈黙するな

その開氏は十年近くかかって仕上げた、一冊の本と分厚いノートと二枚の地図を宝物のように保存していた。ノートには満洲、朝鮮で死亡した軍人千六十八柱の氏名・

階級・本籍・処刑場所や自決場所がぎっしりと書きこまれている。自ら政府機関や関連場所を訪ね歩いてまとめたものだという。満洲・朝鮮の二枚の地図には、民間人の死者数がびっしり書き込まれている。その数、満洲・三十五万八千八百人、朝鮮三万四千六百余名。

「気が遠くなるような作業でしたね」と私が問うと、開氏は子供のように照れた笑顔を見せ「無事に復員できた私のせめてもの償いです。この人たちのお陰で、私はいまも生きていられるのですから。最後の使命です」。

開氏にインタビューした数週間あと、私は、ハルピン、長春、瀋陽、大連と旧満洲の街々を旅した。それらの各都市の抗日記念館には、明らかに捏造《ねつぞう》と思われる写真や蝋人形で、日本軍が悪魔か狂人のように表現されていた。中国共産党が外に敵を作り、国内に不満を封じ込めようとするための施設とはいえ、いかにも常軌《じょうき》を逸したものだった。

開氏が冒頭で述べたように、正規の軍人は、たとえソ連兵であっても、民間人に悪魔のような所業は組織だってはしないものなのではなかろうか？　そんなことを許したら秩序や軍規はバラバラになり、軍としての機能もしないし、敵との戦いもできなくなる。そんなわかりきったことを忘れている日本人がなんと多いことか。

ベトナム戦争で韓国軍がベトナムに参戦した際、ベトナム人女性を強姦して産まれた混血児が釜山日報によると最少五千人・最大三万人。又、第二次世界大戦の際、ドイツに侵略したソ連兵に、約半数近くのドイツ人女性が強姦され、そのうち約二〇％の女性から混血児が産まれたという。

一方、日本軍が駐屯していた東南アジアで現地女性への強姦による日本人の混血児が産まれたという事例はあまり聴いたためしがない。慰安婦制度は、そういった悲劇を防ぐためにも取り入れられたものだった。にも関わらず、〝日本軍はアジアの女性約二十万人を性奴隷にした〟などといったデマが世界に喧伝されている。すでにほとんどが鬼籍に入ってしまった日本軍兵士と、性奴隷に貶《おとし》められた慰安婦達、捏造された不名誉な歴史を背負わされかねない日本の子供達、彼らの尊厳を守るため、日本人はこれ以上沈黙してはならない。

第三章　習近平は、もはや21世紀のヒトラーか

ウイグル人権法も成立へ　世界は中共のウイグル弾圧を許さない

本書で、いままでみてきたように、本当の「性奴隷」、本当の「人権弾圧」も、閉鎖的な、かつては日本の進歩的メディアにとっては「理想郷」だった中国や北朝鮮やソ連が「主人公（加害者）」となると、その非道は見て見ぬフリをされることが多かった。しかし、もうそんな「二枚舌」は許されない。本章では、現在進行形の人権弾圧を見ていくことにしたい。

中国が推し進める〝一帯一路〟の起点ともなる「東トルキスタン」(中国が占領している新疆ウイグル自治区)で、すさまじい人権弾圧が起きている。この事実は二十数年前から指摘もされていたが、最近になってようやく世界的関心を持たれるようになってきた。

〈2016年に、元中国共産党チベット自治区委員会の書記で、チベット人の弾圧で手腕を発揮した陳全国が〝新疆ウイグル自治区〟の書記に就任してから、独裁的な長期政権を築いた習近平中国共産党総書記をバックにし、東トルキスタンの歴史の中で最も酷く露骨な人権弾圧、同化・民族浄化政策を展開し始めた。(略)東トルキスタンに、完全な監視・封じ込めた社会を作り上げ、ウイグル人の言語、文化、宗教を完全に絶滅させるような民族浄化政策を実施している。(略)陳は、1年も経たない間に、9万人を越す治安関係ポストを募集し、ウイグル地域において「監視社会」の完成を手掛けた。(略)2015年の6倍に増員し、ウイグル自治区の警察の人員を2017年初頭から、「再教育センター」、「教育転化学校」、「技能研修センター」という名前の「強制収容所」の建設を急ピッチで進め、何も罪のない100万人以上のウイグル人（ウイグル人口の約一〇％）をこれらの収容所に監禁し、共産党の政治思想、宗教転化（非イスラム化）、民族アイデンティティを破壊するための「洗脳教育」を行っている。（略）そして、各収容所から続々死者が出始めた。遺体は家族に返さずに内密に「処分」された。カシュガル空港では「人体器官運送通路」、「移植器官航空運送保障プロセス」標識の専用通路やスペースが用意され、臓器売買のため国家ぐるみで「臓器狩り」していることが明らかになった〉』（在日ウイグル人有識者会議の報告より）

この忌々《ゆゆ》しき事態について、米人権活動家が二〇一八年八月末の国連人種差別撤回委員会で指摘したが、「完全な捏造」と中国側は一蹴していた。とはいえ、千数百カ所以上に及ぶという強制収容所の存在は偵察衛星などで撮影され、一目瞭然だ。米国議会では、香港とならんでウイグルへの「弾圧」を看過することなく、制裁する姿勢を明確にした。

そこで、二〇一九年十二月に、アメリカ議会下院は、中国で多くのウイグル族の人たちが不当に拘束されているとして、ウイグル族の人権侵害に関わった中国の当局者に対し、制裁の発動を求める「ウイグル人権法案」を可決した。すでに成立している「香港人権法」に次ぐ快挙だ。今後正式にこの法案が成立すれば、中国共産党はさらに追い詰められていくことになるだろう。もはや、習近平は、特定民族（ユダヤ人）を殺戮《さつりく》したヒトラーにも譬《たと》えられるべき悪党ではないか。

日本でも在日ウイグル人たちが立ち上がっている。二〇一九年七月六日には、明治大学で、「中国新疆ウイグル自治区・ムスリム強制収容を語る」というシンポジウムが開かれた。アムネスティと明治大学現代中国研究所の主催によるものだった。それに出席した人によると、こういう内容だった。

夫の勤務先のあるエジプトで生まれた子供三人を親に見せようと帰国したら、突然拘束され、一時釈放されたりしつつも三度にわたって拘束され強制収容所を体験した女性メヒルグル・トゥルスンさんのビデオレターやライブの質疑応答などや、在日ウイグル人の家族を返せといった訴えなど、四時間近い集会だったという。『中国を追われたウイグル人　亡命者が語る政治弾圧』（文春新書）の著者の水谷尚子さん（明治大学准教授）が司会役で熱弁をふるっていたとのことだ。

メヒルグルさんは、得体の知れない注射をされたりクスリなどを飲まされたという。電気ショックや拷問なども受けていた。

ある在日ウイグルの女性などは、涙ながらに家族が収容されている事実を語りつつ「中国政府、中国共産党の罪を許さない、このことは次にはみなさんの身にも起こるかもしれない…」と涙ながらに訴えたという。聞いていたその人は思わずもらい泣きしたと語っていた。

このあたりの弾圧の実態については、福島香織氏の『ウイグル人に何が起きているのか――民族迫害の起源と現在』（PHP新書）や、清水ともみ氏のマンガ『その國の名を誰も言わない』『私の身に起きたこと～とあるウイグル人女性の証言』（Kindle版）でも詳しく触れられている。彼女のマンガは大反響を呼び、現在十カ国語に翻訳され、世界に広がっている。

私もいろいろと取材をすすめた。

最近、ウルムチからカシュガルまで旅行してきた知人の女性はこう言う。

「至るところに検問所が設けられ、漢民族のツアーガイドと一緒でもしつこく尋問されました。特にウルムチの警備の厳しさには辟易です。田舎のクチャの駅舎は漢民族の観光プロモーションで新しくできたばかりで立派でした。今年（二〇一九年）は漢民族の新疆ウイグル自治区への旅行者が激増して一億人を超えたそうです。カシュガルは平均給与が年間三～四万円という辺境地ながら、食糧庫のように果物や野菜が豊富でバザールには商品があふれかえっていました。とはいえウイグル族経営の宿に泊まったら、一流ホテルにも関わらず稀にみるオンボロ宿でした。つまり漢民族の観光客は漢民族経営のホテル、レストラン、土産物屋でお金を落とし、ウイグル族にはお金がまわっていないのが実態です。それから百円ショップが大流行でしたが、ダイソーならぬ、ミニソーという名前には呆れました」と苦笑する。

NHK「シルクロード」放送の嘘

民族浄化といえば、20世紀にナチスドイツによって行われたユダヤ人迫害が記憶に新しいが、21世紀になってまで現在進行形でホロコースト並みの弾圧が行われようとは一体誰が想像しえたであろうか？

余談になるが、中国は近年、南京大虐殺と所謂慰安婦という虚構の問題を組み合わせ、日本が〝アジアン・ホロコースト〟を行ったなどというディス・インフォメーションを世界中にばらまいてきた。

そもそも、ウイグル弾圧はいまに始まったことではない。かれこれ二十年近く前に遡るが、私は西安からトルコのイスタンブールまで列車とバスを乗り継いで一人旅をした事がある（詳しくは拙著『冒険女王　女ひとり旅、乞食列車一万二千キロ！』幻冬舎文庫、Ｋｉｎｄｌｅ版を参照されたし）。

当時も東トルキスタンの最大都市ウルムチでは数件のテロがあり緊張が高まってい た。西安から列車でウイグル自治区に入ると、もうそこは中国ではなかった。トルコ系の彫りの深い顔をしたイスラム教徒達が独自の伝統文化を築きあげていた。

しかし北京政府によって推奨された漢民族の移民が増加し、主要な要職などすべて漢民族に牛耳られ、貧しいウイグル人はウルムチ駅の近くにある〝盲流新村〟と呼ばれる犯罪、売春、薬の売買なんでもありのスラム街に住んでいた。ウルムチ駅のホームから盲流新村の裏手にある公衆トイレが見えたのだが、当然、壁などなく用をたす人達のお尻が丸見えになっていたことをいまでも覚えている。

当時からシルクロードの実態はNHKが垂れ流した優美でノスタルジックなイメージとはかけ離れた世界だったのだ。一九六四年から一九九六年まで東トルキスタンのロプノールの核実験場において、延べ四十六回もの核実験が行われ、札幌医科大学の高田純教授によれば百万人以上の死傷者、被曝者がでたという報告もある。

NHKが一九八〇年に放送した『日中共同制作シルクロード　絲綢之路《しちゆうのみち》』の撮影は七九年から行われたというので、取材スタッフが核実験を知らなかった筈はないのだが、この情報は長年隠蔽《いんぺい》されてきた。

なぜ経済制裁をしないのか？

ウイグル周辺での核実験に関し、世界ウイグル会議（東京開催）のために、二〇一二年五月に来日したアニバル・トフティ氏に取材したことがある。彼は一九九八年に秘密裏に核実験が行われた場所に入り、被害状況の調査を行った医師だ。中国政府当局から何度も尾行され、命がけの調査だったが、彼が撮影した〝ロプノール・プロジェクト〟には中国がひた隠しにする悲惨な映像が映っていた。中学生になっても歩行すらできない男の子や、奇病患者、白血病患者の女性など明らかに核実験の後遺症と思われる人達が撮影されている。この貴重なフィルムは英国をはじめ、世界83カ国で放映されているが、残念ながら日本ではまだされてない。反原発で騒いでいる人権派の団体たちは何故この映像を買わないのか？　加害者が中国だと何か遠慮するのかだとしたら情けないにもほどがある。

撮影後、中国政府からさんざんな嫌がらせを受け、身の危険を感じたトフティさんはイギリスに亡命。

「あれ以来十数年間、故郷に残してきた息子と一度も会っていません。会えないのです」と目を赤くはらしながら、語気を強めてこう言う。

「中国政府は私の撮影したドキュメントはすべて捏造、やらせだと非難します。ならばきちんとした調査をお願いしたい。もし私のやらせが発覚したら、私は逃げも隠れもせず刑を受けます。しかしその反対、私の報告が真実だったら、今からでも一人でも多くの被曝後遺症に苦しむ人々に賠償金を支払ってほしい」

つまりチベットや南モンゴル同様、中国政府によるウイグル弾圧は継続的に行われていたのだ。ところが国際社会は中国が喧伝する〝13億の市場〟幻想に目が眩んで、ウイグルなどは〝内政問題だから内政干渉するな〟という中国の理不尽な脅しに屈してこれらの人権問題には目をつぶってきた恥ずかしい経緯がある。

それでも二〇〇九年、胡錦濤政権下でウイグル騒乱（ウルムチで漢族とウイグル族が対立し、双方に多数の死傷者が出た）の時は国際社会もさすがに少しは報道はしたものの、中国に経済制裁などを課した国はなかった。

ウイグルの母　ラビア・カーディルさんの靖國参拝

二〇一二年五月十四日正午、靖國神社の正門で待ち構えていると、「世界ウイグル会議」を日本（東京）で開催するために来日した総裁のラビア・カーディルさんと百名以上のウイグル人達が現れた。チャンネル桜のレポーターとして、私がマイクを向けると、ラビアさんは「この神社に祀られている人たちは、日本を守るために亡くなられた方であり英雄です。又、祖国のために命を落とした方をお参りするのはウイグルの伝統文化であります」と語ってくれた。

そして一呼吸置いてこう付け加えた。

「私達ウイグル人には祖国のために殉じた人達を弔う慰霊碑すらありません……」

この感動的な来日も実現するかどうかギリギリまで大変だった。というのも、中国政府は同会議を「テロ組織と関連があり、中国分裂を狙っている集団」と規定し、アジアで初めての東京大会を阻止しようと様々な圧力を日本政府にかけてきたからだ。

例えば程永華駐日大使は、与野党の国会議員百人超に同年五月八日付けで同会議の開催を容認したことを抗議するだけでなく、ラビア・カーディル総裁との接触を避けるよう要請してきた。その文面はまるで属国に命令するような口調で、自民党の古屋圭司衆議員議員は「脅迫状ともいうべき文章だ」と非難している。

その内容は、ウイグルもチベットも、中国のお陰で経済発展を遂げたなどとの前置きがあり、「世界ウイグル会議は徹頭徹尾、中国の分裂を企む反中国組織である。（略）議長のラビアは中国国内で国の安全を脅かす罪を犯しただけでなく、脱税などの経済犯罪行為もあり、中国の司法機関から法に基づき判決を受けた犯罪人である」。又、ダライラマ法王については「ダライイは単なる宗教人ではなく、宗教を隠れ蓑にして、長年中国の分裂を企み、チベット社会の安定と民族の団結を破壊しようとする政治亡命者であり、チベット独立を企む政治グループの総頭目である」などと書かれているのだから呆れるばかりだ。

こうした中国政府の姿勢に例のごとく日本政府は中国に気兼ねしてか、ギリギリまでビザを出さず、ラビア氏が来日したのは五月十三日の夜だった。その事について問うと「もう訪日できないかと思い、航空会社にキャンセルの連絡をしようと思った矢先にビザがおりたのです。何はともあれ受け入れてくれた日本政府に感謝します」とのことだったが……。

靖國神社側は、ラビアさん含む百人を越えるウイグル人の参拝者達はイスラム教徒ということに配慮し、「昇殿参拝の際も、神道の形式を強要しませんので、皆さま方、心の赴くままになさって下さい」と声掛けし、多くのウイグル人が神殿の中に吸い込まれるように消えていった。

参拝を終え、日本に留学経験のあるA氏は目を赤くしながら「ここには祖国を見守り続ける日本人の魂を感じました。ウイグルではこうしている間にも、多くの同胞が中国政府によって不当に拘束され、生きているのか死んでいるのかもわからない。死んでしまっても何もしてあげることができない。御魂が帰る場所がある日本人は幸せですね」とつぶやいた。

当時は民主党政権下。閣僚が一人として靖國参拝しない情けない日本の〝空気〟に、国を持てないばかりか、すさましい弾圧を受け続けているウイグルの人達からの無言のメッセージを、私は重く受け止めた。その後、自民党安倍政権になって、若干の改善はされたものの、近年、安倍首相の参拝は「停止」状態だ。

もっとも、ラビア女史らが靖國神社に参拝したことを知ると、北京政府の洪磊報道局長が激しい口調で非難した。

「中国の分裂分子と日本の右翼勢力が結託して、日中関係の政治的本質を破壊する」

「彼らの拙劣な行動は、必ずやウイグル族同胞を含めた国内外の中華人民子弟から唾棄されるだろう」

これもある意味、恫喝であるが、それだけで終わらないのが中国だ。

「世界ウイグル会議」と前後して開かれた日中首脳会談の折、胡錦濤国家主席は二〇一二年五月十四日、野田佳彦首相との二者会談を拒否。韓国の李明博大統領との会談には応じながらである。更に十五日に予定されていた経団連の米倉弘昌会長と楊潔篪外相との会談も、前日深夜にキャンセルされた。明らかな日本政府への報復であろう。

もし、日本の河野太郎防衛大臣と米国の駐日大使が、二〇二〇年春、習近平来日の前に一緒に靖國神社にでも参拝すれば、彼は国賓を辞退し訪日を中止するだろうか？実現するといいのだが？

ともあれ、当時、ラビアさんの子供五名はウイグルにいて、そのうちの三名は軟禁状態で、不当な拘束により刑務所に入れられていた。息子二人は、今回の来日に対する報復措置として、ウイグルで最も劣悪な環境として知られる刑務所に移送されたという。つまり、ラビアさんの一挙一動が直接息子さんの命にかかわるほどの影響を及ぼすわけだ。そういった葛藤をどう乗り越えて活動しているのか聞いてみた。

「世界で最も弾圧され、人権のかけらもない状況に置かれているのが我が民族です。私の愛する息子が移動させられた情報も得ています。しかし、そのような事で、私が我が民族の自由・民主のための戦いを止めることはありません。私はこの民族のために生きているし、一生を捧げているのです。

こういった悲劇は私だけではありません。不当な拘束によって息子達を刑務所に入れられている何千何万のウイグル人の母親達は、私の目を見て、〃いつ我が子を解放できるのか〃と質問してきます。そういう人々は私達に期待しているのです。その期待を私達は裏切ることは出来ません。そういう人々を自由にし、民主的な状況を作ることができれば、私達も自由・民主を手に入れる事が出来ます」

ラビアさんは自分に言い聞かせるように気丈に答えていたが、目には涙が浮かんでいた。そして更にこう続けた。

「私の知っている母親の五人の子供が次々と死刑判決で亡くなっています。これを考えると、私がやるべき事はたくさんあるのです。ですから、そういう人々の期待に答え、裏切らないために、そして、すべての母親が幸せな笑顔を見せるためにも、私はもっと頑張らなければならないと考えています。我が民族の母親の涙によって、この中国共産党は必ず潰れます。なぜならば、どんな酷い独裁者でもどんな酷い政権でも、必ず倒れる日が来るからです」

それはともかく、筆者はこの記事の執筆のため、ラビア・カーディル女史と何日か行動をともにしたのだが、ラビア氏たちが集団で行動する時は、常に怪しげな中国人がつきまとっていた。靖國神社でもそうだったが、五月十六日の中国大使館へのデモ行進でも、中国人カメラマンがつきまとい、ラビア氏たちに賛同して参加した一般の日本人女性の顔写真を執拗に撮り続けたりしていた。そうした経緯を踏まえ、「世界ウイグル会議」開催によって生じた日本と中国の軋轢についてもラビア女史に問うと、こんな答えが返ってきた。

「その事はとても残念なことだと思います。私達はあくまでも同胞、ウイグル人の人権、自由を獲得するために会議を開催しているのに、中国政府はそれをテロ問題とすり替えているのです。いまウイグル民族は、中国の独裁政権によって、最も過酷な弾圧を受けている民族です。中国はその現実が国際的に認知される事に非常な危機感を持っており、隠蔽しようと必死なのです。そこで中国は、我々がいかに危険分子かということを日本にアピールするため、そのような態度に出たのでしょう。

中国のやり方はいつも同じです。中国内部で起こった漢人による反政府的事件でも、ウイグル人と関わりがあるとすり替えて説明し、ウイグル民族が、いかに劣悪な集団であるかと喧伝しています。

しかしながら、全てのウイグル人はもう目覚めました。中国政府の蛮行や言葉によるごまかしを理解し、様々な方法で対抗し始めています。このことは中国政府にとっても大きな脅威になりつつあると思います。チベット・ウイグル・モンゴルは共産党政権が占領した土地であり、それをコントロールするためにも、全てを反体制政治勢力による策謀だと世界にアピールし、私たちをとことん弾圧したいという考えなのです」

——この会議に対する中国の反応は？

「妨害は非常に強固なものでした。世界各国から百二十名以上が来日したのですが、ビザを申請する前から圧力をかけて来ました。私の場合、来日直前までメールで攻撃がありました。実際に二名のビザが下りませんでした。それからカザフスタンのメンバーは日本政府からビザが出ていたにも関わらず、十名前後にカザフ政府の出国許可が下りず来日できませんでした」

実際、カザフスタンからやってきたメンバーの女性代表員もこう証言する。

「中国政府は、首にロープを巻き付け、まるで死刑囚のように合成された私の写真を添付し、日本に行けば命の保証はできない、とする警告書を送りつけてきました。ご丁寧に、数年前、不慮の事故で死んだカザフ在住のウイグル女性の名前まで書いてありました」

又、ドイツから参加したO女史もこう言う。

「中国は、ドイツにいる私に直接、訪日を控えた方がいいのではないか？　と電話をかけてきました。言葉は丁寧でしたが、背後に脅迫を感じ、一度は訪日を断念しようと思ったほどです。それだけではありません。ウイグルに残っている私の親戚にも、数人の公安関係者がやってきて、〝あなたの親戚のOさんは日本で開催されるウイグル会議に参加しようとしているが、おやめになった方がいいと思います。我々は彼女の身の安全を思って忠告しに来たのですが、貴方達から、この事を彼女に伝えてあげて下さい〟と言ったそうです。正直私は、怒りが沸いてきました。ドイツにいる私が日本に来るのに何故それほどの圧力を受けなければならないのでしょう。だから私は、憤りとともに強い決意を持って来日しました」

ラビア女史にも幾度か暗殺されかねない危機があったという。

「もともと私は中国でビジネスをしており、それが成功し一時は国の中国人民政治協商会議全国委員を務めていました。しかし同胞が北京政府に弾圧されている惨状に気付き、彼らを支援する活動を始めると、政府の態度はガラリと変わり、私は犯してもない罪で逮捕され投獄されました。そして欧米諸国の人権団体や米政府の働きかけもあって、中国は私を〝外国での病気療養〟を理由に釈放し、二〇〇五年にアメリカに亡命したのです。しかしアメリカでも命の危険は常にありました。怪しげな中国人が家の周りを徘徊し、警察に通報して事なきを得たこともあります。また、私の乗った自動車めがけて大型のダンプカーが二度も続けて故意に追突してきた事があります。

この時は、命からがら車からはいずり出るように脱出して難を逃れましたが、脊髄《せきずい》を痛め、今もその後遺症に苦しんでいます」

――ところで、中国は巨大な軍隊を持つだけでなく、十三億の市場幻想を武器に、世界に対し貴方達を誹謗中傷する言論工作を行っています。これにどう対処するのですか？

「私達ウイグル人が求めているのは非常にシンプルで、人権・民主・自由の獲得です。そうした事を日本の人々が理解して下さったからこそ、アジア最大の民主主義国家である日本の首都の、それも衆議院の管轄下にある憲政記念館で、ウイグル会議が開催できたのだと感謝しております。また、この会議の直前に、日本の国会議員のみならず地方議員の有志の方々が〝日本ウイグル国会議員連盟〟〝地方議員連盟〟を立ち上げて下さった事は涙がでるほど嬉しい出来事でした。こうした有志の議員の方々を中国政府は〝極右勢力〟と口汚く罵っていますが、なんとも幼稚な手法です。中国政府が日本を批判したり、私達をテロリストに連なる悪の集団と喧伝すればするほど、世界の人々は、何が起きているのかと興味を持ち、調べるでしょう。そうすればウイグル問題の本質を理解できるはずです。何故なら、中国が主張することは、すべて捏造であり、私達が訴えていることは真実だからです」

ラビア・カーディル女史は、その長いウイグルの悲劇の物語を嚙みしめるように淡々と語った。

「いかにして東トルキスタンが中国に侵略されたかお話しましょう。私達は高い農業技術を誇り、美しい伝統文化を持っていました。中国は最初は我々の文化の高さに驚き、絶賛していたのです。笑顔で〝友好〟を連発し、甘言ばかり。それがある時、突然〝中国は未開で野蛮なウイグル人を教育し近代化させてあげた〟と対外的に吹聴しはじめました。

一九四九年から五四年にかけて、人民解放軍は野蛮人を救うために来たといって約二十五万人を虐殺しました。最初に富裕層、次に知識人、地域のリーダーや名誉を持つ人、宗教指導者の順に殺していきました。カシュガルの王宮も破壊されました。

次に行ったのが精神的な破壊です。人は一日一食、食べられるかどうかという状況におかれると精神が不安定になります。恐怖感は人としての基本的な感覚を破壊します。中国人はそうした事を熟知した上で、私達を動物のように扱ってきたのです。シャワーを禁じ、川で体を洗う生活を強要し、二十人で一つの部屋で寝起きし、十人で一つの鍋をつつく生活を強要しました。

そして、ある日、頰笑みながら〝我々の政策に間違いがあるなら、素直に声を挙げてください。それを参考に改善します〟と言いながら、声を挙げた人をいきなり国家反逆罪だといって拘束しました。その数は六万人以上で、彼らはクリム盆地に追放されましたが生きて戻った人は千人にも満たなかったのです。

一九六一年の配給は一カ月二百五十グラムの油と、八～十三キロの食糧で、飢餓のため数十万人が死にました。当時の〝汚れた白饅頭〟の事件は有名です。ウイグル人に中国人が白い饅頭を投げ与えました。しかしその饅頭は大便をした後、尻を拭いたもので、汚物がこびりついていました」

「一九六四年から九六年にかけて、中国政府はウイグルの砂漠で地上核実験を四十六回も行い、そのため何十万、何百万という人々が被害を受けました。直接的、間接的にどれほどの人々が死んだか誰にもわからず、中学生になっても歩行できない男の子や、癌、白血病、奇病患者が続出しました。中国政府は被害の大きかった村々を封鎖し、立ち入り禁止にしましたが、98年に医師のアニバル・トフティ氏が、密かに潜入し、悲惨な実態を映像にして、世界83カ国で公開しました。しかし、現在も癌や原因不明の奇病は続いていますが、政府は貧しい彼らに一切の治療も支援せず、自然と死に絶えるのを待っているような状態です」

あれから八年、ラビアさんの切実なる願いは北京政府に響かないどころか、事態はより悪化の一路を辿っている。次に、その間にも、米中対立を踏まえ、ウイグル問題が対岸の火事などではなく沖縄問題とリンクしていることなどを俯瞰的に探ってゆきたいと思う。

ウイグル弾圧と沖縄と

二〇一八年十月四日、アメリカのペンス副大統領はワシントンの政策研究機関で「尖閣は日本の施政権下」と中国を牽制した。奇しくも翁長雄志知事の急逝に伴う沖縄県知事選で辺野古移設反対を掲げた玉城デニー氏が、自民党推薦の前宜野湾市長・佐喜真淳氏を破り、初当選した四日後の発言だった。中国はさっそく「捏造で荒唐無稽」と反発してみせたが、捏造してきたのは一体どの国か？

〝尖閣のみならず沖縄まで中国領だ〟といって憚《はばか》らない中国政府にとって、在沖米軍の存在ほど煙たいものはない。今回の沖縄県知事選結果を陰ながら誰よりも喜んでいたのは、アメリカとの貿易戦争で窮地に立たされている中国政府であったであろう。その証拠に中国「環球時報」(十月一日付)は、デニー知事の誕生を、「沖縄人民が日米に重大な勝利を収めた」と大絶賛。調子にのって尖閣諸島近海のＥＥＺ（排他的経済水域）内に特殊ブイを設置した。

中国はアジア太平洋で覇権を握るため、日米同盟分断、沖縄と日本本土の分断をはかり、様々な工作をしかけてきた。その最たるものが琉球独立運動だろう。

ここでは松島泰勝(龍谷大学教授)らが中心となって二〇一三年に立ち上げた琉球民族独立総合研究学会の記者会見の様子を振りかえってみたい。

——日本への復帰を沖縄県民が望んだ歴史をどう思うか? また今まで日本政府が振興開発費として何十兆円ものお金を沖縄に投入してきたがその事をどう思うか?

「72年の復帰については騙されたと思っている。(略)振興開発費についても、それがあったからといって沖縄の経済格差や自主経済問題が解決されたわけではない。飴と鞭の論理で、振興開発が基地の押し付けに利用された(オスプレイ強行配備など)日本や米国による強制が現在進行形で続いている」

——中国の人民日報や環球時報などが琉球独立論を歓迎しているが、関連性はあるのか?

「全くない。むしろ迷惑だ」

最後の質問は地元の琉球新報によるものだが、尖閣問題などで起きている中国に対する県民の反発を意識したアリバイ作りではないか。というのも直前の二〇一三年五月八日に、沖縄県民の八九％が中国に対して「良くない」「どちらかといえば良くない」印象を持っているとの調査結果が、沖縄県から発表されたばかりだったからだ。一方で、人民日報や環球時報が独立学会の発足にあわせたように「琉球独立」を支持する論評を掲載している。「阿吽《あうん》の呼吸」だとしか思えず、「迷惑だ」と言い切ることに不自然さを感じる。

チベットしかり、南モンゴルしかり、ウイグルしかり中国は最初、両手いっぱいに手土産を抱え、〝友好〟というスローガンを掲げながら微笑で彼の地に踏み込んでいった経緯を、今こそ日本人は歴史から学ぶべきではないだろうか？

だからこそ、来日した世界ウイグル会議総裁ラビア・カーディル氏は、東京都による尖閣諸島購入の募金「東京都尖閣諸島寄附金」の呼びかけに対して十万円を寄付したのだ。私はこの時、ラビアさんが寄付を発表した会場に居合わせ、「日本よ目覚めよ！　ウイグルになることなかれ」というメッセージを受け取ったのだ。

そういった意味では集まった尖閣寄付金十四億円も宙に浮いたまま、ご都合主義の中国の困った時の日本頼みに騙されないため、ペンス米副大統領の発言は、日本政府へのメッセージでもあったはずだ。

貿易だけではない　熾烈な米中サイバー戦争

アメリカを代表する論壇誌、「フォーリン・アフェアーズ」（二〇一八年十月号）に米外交評議会のアダム・シーガル氏が『次なるサイバー超大国　中国―主導権はアメリカから中国へ』と題し興味深い指摘をしているので紹介したい。ちなみにこの雑誌はリベラル派の権威ある雑誌で、基本的スタンスは反トランプ政権だ。時々、ドン引きしたくなるような北京政府擁護論も登場する。従って中国贔屓の傾向が強いことも最初に注釈しておこう。

「いずれ中国はサイバースペースを思いどおりに作り直し、インターネットの大部分は、中国製ハードウエアを利用して中国製アプリで動くようになるかもしれない。『難航不落のサイバー防御システム』を構築し、インターネット統治についての中国モデルの影響力を強化するだけでなく、人工知能（ＡＩ）や量子コンピューター部門でも世界のリーダーになることを目指し、大がかりな投資をしている」

「顔認証ソフト、音声認証ソフト、ＡＩを搭載したカメラやセンサーを大規模に設置することで、ジョージ・オーウェルの高度な監視システムも構築している。このシステムが最も広範に運用されているのが新疆ウイグル自治区で、現地のウイグル人イスラム教徒の動向を管理することが目的とされている」

結局のところ中国は、最先端技術を少数民族弾圧という古典的な帝国主義的支配のために用いようとしているのである。

シーガル氏は、中国はこのシステムを、ウイグルを起点として中国全土のみならず「一帯一路のルート沿いに鉄道・道路、パイプライン、港湾、炭坑、電力網を施設するために五千億ドル以上を投資するとともに、ファイバーケーブル、移動通信ネットワーク、衛星中継地、データーセンター、スマート指定などで構成される『デジタルシルクロード』を中国企業が構築する必要性も強調している」と指摘している。

中国の野心がサイバー空間を通じての世界支配にまで及んでいて、かりに実現したとするなら「いずれ、習近平時代は『インターネットは自由化を促進できるという欧米のナイーブな楽観主義に終止符が打たれた時代』として記憶されることになるだろう」というシーガル氏の指摘も成り立たなくもない。

とはいえ「もはやワシントンがいかに手をつくそうと、今後、サイバースペースの主導権がアメリカから中国へシフトしていくのは避けられない」と、彼が断言するのはいかがなものか？

アメリカはサイバースペース開発において群を抜いているイスラエルとの同盟関係

を強化し、あらゆる方向から中国を封じ込める戦略にシフトしている。願わくば、再び〝日中友好〟の罠にはまりかけている日本の経済界は、こうした世界の動きをしっかり見定めた上で行動していただきたいと思わずにはいられない。戦死した八万人の沖縄県民と沖縄を守るために他県から駆けつけて戦死した十万人、合計十八万の死者たちは文字通り軍民一体となって日本を守るために戦い抜いたのだ。

その記憶が子孫に真っ当に受け継がれていれば、今頃、尖閣ならびに沖縄と南西諸島の島々は日本の防人《さきもり》の砦となって中国に立ちはだかり、中国の工作船に不法侵入させる隙すら与えず、事なかれ主義の政府に断固たる姿勢を取らせる力になった筈だ。

何故なら沖縄こそ、日本のマサダの砦に他ならないからである。マサダの砦とはイスラエルの死海のほとりにある要塞。紀元73年にローマ軍に囲まれたユダヤ民族が数年間籠城したのち、千人近くが「奴隷になるより民族の尊厳と誇りを」といって集団自決を遂げた場所だ。現在でも国民皆兵制のイスラエル軍の入隊式はマサダの頂上で行われ、新兵は「マサダは二度と陥ちません」と宣誓して国防を誓い、イスラエル軍は不敗神話を産み出し続けている。

国家とはそうした過去の歴史を教訓にして、強靭化され、より強い集団に生まれ変わっていく。しかるにこの日本では、ノーベル賞作家までが、一度も現地取材をすることもなく、命を賭して戦った軍人たちを「悪の巨魁」などと誹謗して、世論を分断し、国内を混乱に陥れている。

このままではとてもではないが沖縄の戦没者たちは浮かばれまい。更に今、必死で沖縄を守った戦没者たちを冒瀆するような「独立」などという、中国の工作にのせられた動きが加速している。

最後に、二〇一二年九月の反日暴動の最中に発言した中国軍事科学院戦略研究部の元副部長の姚有志少将の言葉を紹介したい。

「現在中国人は尖閣諸島に関心を寄せているが、琉球にもっと関心を持つべきだ。琉球の帰属権は論争があり、釣魚島(尖閣)より重視する価値がある」

もし沖縄が独立し、次のステップとして中国の自治州になったなら（必ずそうなる）、命がけで大東亜戦争を戦った県民と日本兵の十八万の彷徨《さまよ》える魂は一体どこへゆけばいいのだろうか？

返事はない……。

おわりに——私が目撃した淋しい謝罪男たち

数年前、ソウルの日本大使館前で、「日本軍性奴隷制問題解決のための正義記憶連帯」(元・韓国挺身隊問題対策協議会)による「水曜日デモ」を取材したときのことだ。元慰安婦を中心に、彼女らを支援する若者たちやキリスト教関係者たちがいつものように日本を糾弾していた。

その反日シュプレヒコールの合間を縫って、拡声器から日本語が響き渡った。人だかりの中に立っていた日本人の中年男性が「かつて日本は朝鮮に侵略し、多大なるご迷惑をおかけしました。ハルモニ(慰安婦のおばあさん)にも日本人を代表して、心から謝罪します」といった趣旨のスピーチをしたのだ。すかさず横にいた韓国人が通訳をし、男性が頭を下げるたびに、凄まじい歓声が沸いた。彼はその場では疑いなくヒーローそのものだった。中には憧憬に近いまなざしで、その男性を見つめる若い韓国人女性の姿も見られた。ハルモニも顔をしわくちゃにして喜びながら彼の手を握る。

国境を越えて分かち合う光景は一見微笑ましいものであると同時に、活動家双方の自己満足にすぎないパフォーマンスでしかない。その結果、日韓両国の子々孫々にまで不必要なわだかまりと対立の種を産み出し続けていることに気付きもしない大人の無責任さに、私は内心辟易《へきえき》していた。

日本人男性の登場により、更なる熱気を帯びた集会では、安倍総理の顔写真と日の丸が土足で踏まれ、汚されていた。私はその日本人男性に声をかけ、近くでお茶をすることにした。一体彼はどんな経緯であゝいう謝罪をしたのか、個人的な興味があったからだ。

男性はこういう。

「以前私は会社に勤めていたのですが、今はプータローですね。安重根が好きで、安の足跡を辿る旅をしているんです」

安重根といえば伊藤博文を暗殺したとして韓国では英雄扱いになっている。だが近年、実際に暗殺したのはソ連の工作員などではなかったかと様々な憶測も見受けられる。ともあれ、伊藤博文は日韓合邦に反対の立場だった。そこで私はこんな質問をしてみた。

「先ほど、日本が朝鮮に侵略したと謝罪していましたけど、安が伊藤博文を暗殺さえしなければ、日韓併合もなく、歴史は変わっていたと思いませんか？」

男はその質問には答えず、苦虫を潰した様な表情で話題を変えた。

似たようなシーンは二〇一八年十二月、都内で開催された南京事件を糾弾する集会に参加した時にも見られた。中国が日本軍によって約三十万人が虐殺されたとプロパガンダしてやまない南京事件の真実は、田中正明氏の『南京事件の総括』（小学館文庫）、阿羅健一氏の『聞き書南京事件』（図書出版）に詳しい。鈴木明氏の『新「南京大虐殺」のまぼろし』（飛鳥新社）では善意の第三者と言われていたティンパーリーの死亡記事に「生前は中国の秘密工作員であった」との記述を見い出し、ティンパーリーが、南京事件を目撃した記録をあえて『戦争とは何か 中國における日本軍の恐怖』として出版したのは、南京での暴虐事件を宣伝する意図が有ったという事を指摘していた。

又、北村稔氏の『「南京事件」の探求』（文春新書）では更にティンパーリーの解明を深め、彼が国民党中央執行委員会宣伝部国際宣伝処長であった曾虚白の自伝により組織の秘密宣伝員である事を証明した。

こうした一連の流れをまとめながら、松尾一郎氏の『プロパガンダ戦「南京事件」』（光人社）は、更に国民政府軍事委員会政治部が中国国内における宣伝工作を行っていた事を、国民政府軍事委員会政治部第三庁の庁長であった郭沫若の著書『抗日戦回想録』（中公文庫）を元に検証。そして、国民党、軍事委員会の二大宣伝組織による、中国国内外への宣伝工作の実態を分析し、南京事件の本質はプロパガンダである可能性が高いとの事を、状況証拠を提示しながら指摘していた。

この原稿を書いている二〇二〇年一月の段階で、松尾氏はこういう。

「『南京虐殺』が宣伝であると断言できる根拠を示せるモノは写真しかありません。

その理由は、宣伝を計画し、実行し、結果へ至らせる三つの関係性が示せたのは、昭和十二年当時の「ルック」などの米写真雑誌に残虐写真を送っていたW・A・ファーマーなる人物が、国際宣伝処所属の外国人である事が中田崇氏の調査（「正論」二〇一八年一月号論文「これが『南京大虐殺』のニセ写真工作だ！」）によって判明したからです。そのことはW・A・ファーマーが北京の米国領事館の駐在武官であったステルウェルへあてた手紙によって明らかになりました。従って、当時の日本軍による残虐写真なるものは、W・A・ファーマーによってデッチあげられて、それがそのまま米国内で写真雑誌に掲載、宣伝されたものだったという事を証明出来たのです」

ことほどさように、南京事件の虚構は暴かれているというのに、性懲りもなく日本の活動家が中心となってシンポジウムを開催し、新華社通信やCCTV以外にもローカルな中国のテレビ局まで取材に来ている中、休憩時間に、日本の老人男性が例のごとく「日本軍が中国人を虐殺して……」と日記らしきものを見せながら謝罪を繰り返し、会場にいた中国のテレビ局などが熱心にその発言をフィルムに収めていた。老人は芸能人並みの人だかりに囲まれ、間違いなくその場だけの〝勇気ある良識派日本人〟としてのヒーローだった。

ちなみに日本のマスコミはあの朝日新聞ですらきていなかった。こういった日本人の謝罪が、現在進行形ですさまじい弾圧がおこなわれているチベットやウイグルなどの悲劇を相対化させ、中国人自から自国の恥部を直視しないことに加担している構造にいたたまれなくなった私は、シンポジウムの後半の途中で退席をした。

すると、私が乗ったエレベーターにあわてて滑り込んできた記者が「今日の感想を聞かせてほしい」というので、どこの媒体なのか尋ねると「人民日報」の名刺をくれた。私は「南京事件に関しては、国民党のプロパガンダだったことも判明しているし、さまざまな指摘があるにも関わらず、一方的な日本糾弾に辟易した」と答えると、記者は目を白黒させていた。

その後、日本で販売されている中国の雑誌で、二〇一八年六月に、電撃的に中国の南京大虐殺記念館を訪問し頭を垂れる福田康夫元首相の記事と発言を目にし、目が点になった。記事（「人民中国」二〇一八年八月号）にはこうある。

「後日、私（福田元首相）は「産経新聞」などのメディアから取材を受けます。その際、私は南京大虐殺遭難者同胞紀念館からいただいた第三国の証言、『人類の記憶――南京虐殺の実証』を出して、世間に知らしめます」

バカかと思う。これが日本国を背負うリーダーのあるべき姿といえようか？　腐っても「元首相」という肩書をぶら下げ、自国を貶め敵国のプロパガンダにまんまとのって相手国に媚びる姿勢は、世が世なら天誅の対象となりやしないか？　更に情けないことに、こんな福田氏の姿勢を中国人記者はこう評価している。

「この言葉を聞いた筆者は感動を禁じ得なかった。東洋の文化にはかねてから『恥を知るは勇に近し』という言葉がある。（略）その意味で、今回の福田元首相の南京訪問は、良識のある全ての人に賞賛された。そして今後、さらに多くの日本政界の有識者がこのような平和活動を実践していくことを切に願う」

一党独裁国家の記者に礼賛されるということは恥だということを何故、元首相ともあろう人が気付かないのか？　もっとも福田さんのみならず、もう一人、頭の痛い〝平和の鳩〟（鳩山由紀夫さん）もいるので、日本も浮かばれない（鳩山さんもこの南京館を訪れている）。そういえば、以前、天候が荒れてタイからの帰国の際、台湾に飛行機が緊急着陸した際、北京政府に操を立てて機内から一歩も降りず、その後、訪中した際にその時のエピソードを自慢げに話した河野洋平氏も〝親中良識派〟として中国では礼賛されていた。いずれにせよ、中国で〝良識派〟の冠は裏をかえせば〝アホ〟〝バカ〟〝カモ〟の代名詞だ。

慰安婦問題の元祖・謝罪男

韓国・天安にある望郷の丘に謝罪碑を建て、土下座した吉田清治氏については本書の中で、詳述したが、実はまだ日本では知られていない元祖・謝罪男がいる。それは慰安婦だった日本人女性・城田すず子さんを〝性奴隷〟に仕立て上げた男だ。晩年、城田さんなど性風俗に従事した女性たちの保護施設を運営していた深津文雄牧師だ。

彼はところが、一九九〇年放送の韓国KBSテレビのドキュメンタリー『沈黙の恨』（『太平洋戦争の魂～従軍慰安婦』としてNHK国際放送でも放送）に出演し、こんな発言をしている。

ナレーション――「城田さんの人間回復に大きな影響を与えたのは、カニタ婦人養護施設を開いた深津牧師でした。…深津牧師はここで信者となった城田さんに会い、初めて従軍慰安婦の実態を知ったのでした。深津牧師は日本の植民地政策と戦争の二重の犠牲になった女性たちの鎮魂の為に『ああ従軍慰安婦』の碑を建てました」

深津牧師――「そして従軍慰安婦と、この中には六〇％以上、韓国の人が含まれているわけですね。それを私はね、誰も言い出さない、仕方がない、私が日本男子を代表して貴方の国に『本当に悪いことをしました』と、『今からどうしようもありませんけれども、どうぞ許して下さい』という謝罪の気持ちをこれは表しているんですね。本当に我々の仲間がバカなことをしたもんだと、今からでも償う方法があったら国家は賠償したらいいと言っているんですけれども、誰も見つからないんですね。日本でも従軍慰安婦であった人というのは名乗って出てこない。韓国の人も『私がそうでした』と、私は探しているんですけど出てこない。貴方知っていますか?」

その後、高木健一弁護士と青柳敦子氏が訪韓し、日本政府に対して訴訟するための元慰安婦を探しだしたのだが、最初の呼びかけ人は深津牧師だ。深津氏は一九八〇年に転落婦人の保護と更生活動に貢献した功績を評価され、朝日新聞から朝日福祉賞を受賞している。彼の正体は自伝『いと小さく貧しき者に　コロニーへの道』(日本基督教団)を読んで判明した。

「連合軍最高司令官政治顧問が、僕を呼んだ理由は、じつはこうであった。日本の戦争指導者に対する裁判は、日に月にすすみつつある。このましからざる人物の公職追放も徹底的に行われるであろう。しかし、宗教界をどう裁くか、これは難しい問題で、自分としては、やりたくない。だからといって、旧態依然でいられたのでは困る。できれば自主的に改革し、生まれ変わってもらいたい。その発言者になる気はないか——ということだったのである（一九四六年）」

敗戦の翌年、GHQからこのような申し出を受け、快諾した深津牧師はその後、日本基督教団の関係者から〝キョウサントウ〟というあだ名をつけられ煙たがれるほど、キリスト教会の中で政治・左翼的な動きをしてNHKラジオなどにも出演。ウオーギルト・インフォメーション・プログラム（WGIP）の尖兵だったのだ。

ともあれ、本書で取り上げた丹羽宇一郎さんをはじめ、日本の各界を代表すると思われている謝罪男たちの共通項は、偽善に満ちた小さな自己満足と、いびつな自己承認欲求に他ならないのではなかろうか？

結局、こういう人たちは大人としての良識を持ち得ない、信念を持つことのできない淋しい人たちなのだと思う。私は本当に日本が悪いことをした部分に関して謝罪している人を糾弾しているのではない。事実検証もせず、まんまと相手国の情報戦に利用され、神輿《みこし》の上に担ぎ上げられて舞い上がり、調子に乗って謝罪を繰り返し、あとに引くに引けなくなってしまった輩たちの歴史に対する無責任さ、罪深さをこの本で書きたかったのだ。

そしてこの手の輩はおそらく、この先だって出てくるかもしれない。しかしこういったエキセントリックな輩たちのパフォーマンスを泳がせておくと、長い目で見ればプロパガンダする国、される国双方にとって、とりかえしのつかない禍根を残す危険性をはらんでいることを指摘しておきたい。

次世代に不必要な対立を遺す必要はない。

大高未貴（おおたか・みき）
1969年生まれ。フェリス女学院大学卒業。世界100カ国以上を訪問。チベットのダライラマ14世、台湾の李登輝元総統、世界ウイグル会議総裁ラビア・カーディル女史、ドルクン・エイサ氏などにインタビューする。『日韓〝円満〟断交はいかが？　女性キャスターが見た慰安婦問題の真実』（ワニブックス）、『イスラム国残虐支配の真実』（双葉社）など著書多数。「真相深入り！　虎ノ門ニュース」（レギュラー）、「ニュース女子」などに出演している。

日本《にほん》を貶《おとし》める——
「反日謝罪男《はんにちしゃざいおとこ》と捏造《ねつぞう》メディア」の正体《しょうたい》

2020年３月16日　初版発行
2020年５月30日　第５刷

著　者　大高未貴

発行者　鈴木 隆一

発行所　ワック株式会社
東京都千代田区五番町 4-5　五番町コスモビル　〒 102-0076
電話　03-5226-7622
http://web-wac.co.jp/

印刷製本　大日本印刷株式会社

ISBN978-4-89831-817-1